目次

第4章 生命保険の最新動向と加入・解約方法

第5章 医療保険の最新動向と加入・解約方法

第6章 ライフイベント転換点での見直し事例

第7章 ミニ保険（少額短期保険）ってどんなもの?

本書の読み方・使い方

本書をよりスムーズに活用いただくため「何を知りたいですか」から、
テーマを見つけて大まかな内容を確認してください。あとは、お探しのページを開くだけ。

本書のページ	何が知りたいですか	こんなことがわかります
6P	結婚・子どもの誕生時	結婚時に、お互いに入っている保険を確認しましょう。子どもが生まれたら、一人当たりの生涯教育費を勘案し、それを賄う貯蓄がない場合は保険で備えましょう。
8P	自宅購入時	住宅ローンを組む場合、ほとんどのが「団信」に加入するので、死亡保険を見直すチャンスです。ただし、団信加入によりすべてのリスクを回避できるわけではありません。
10P	子どもの独立時	子どもが独立すれば、高額な保障は不要です。葬儀費用や生活費、病気などのリスクと、年金や貯蓄を勘案して死亡保険を見直しましょう。
12P	定年・年金生活時	退職金は老後の貴重な生活資金。無謀な投資や出費は禁物です。また、この年齢から死亡保険に入ると高いので注意が必要です。なお、生命保険は相続対策にも活用できます。
16P	貯蓄型の生命保険について	生命保険の場合、付加保険料がかかるので、お金を増やす目的での利用は慎重に。「保障は保険、貯蓄は投資」と分けて考えましょう。これからの時代、投資は必須です。
18P	家計支出の見直し方法	貯蓄は老後の糧なので、今から家計支出を見直しましょう。リモートワークが常態化しつつある今、特に住宅費の削減が期待できます。毎日の食費も重要項目の１つです。
20～23P	不要な保険の見つけ方	付き合いで保険に入ると、それが後々家計の負担に。不要・必要の判断は「この保険がないと遺族や自分が困る」かどうか。保険一覧表を作成すれば一目瞭然です。
24P	途中解約の手続き方法	保険には、解約以外に「減額」「増額」「払い済み保険」「延長保険」「保険期間の変更」などさまざまな保全手続きがあるので、有効に活用しましょう。
30～32P	火災保険の加入・解約方法等	少額短期保険と損害保険では、補償内容や保険料に大きな違いがあります。少額短期保険に加入している場合は、解約して損害保険会社の火災保険に入り直しましょう。
34P	地震保険	「賃貸住宅に住んでいるから地震保険は不要」と考えがちですが、地震による火災で家財を焼失するリスクがあります。地震が多い日本では、地震保険は必要不可欠です。
36～41	自動車保険	自動車保険はダイレクト型や代理店型などさまざまなものがあります。単に保険料だけでなく、事故対応の煩雑さなどを踏まえて保険加入を検討しましょう。
42P	個人賠償責任特約	この特約は、火災保険、自動車保険、傷害保険のいずれの保険でも追加加入できます。重複を避けるのはもちろん、示談交渉サービス（被害者対応）を付けるのがおススメ。
46～56P	生命保険について	生命保険は、独身なのか、家族がいるのかで加入するプランが変わってきます。ご自身のライフスタイルに応じて検討するのがよいでしょう。
60～79P	医療保険について	罹患率は高齢になると高まり、保険料もアップ。若い時期に保障期間を終身にするのがおススメ。独り暮らしほど介護保険が必要なことなど、医療保険のツボを伝授します。
82～87P	人生の転換点での保険見直し事例	①子ども誕生前後、②自宅購入時、③子ども独立・年金暮らし開始時には保険を見直す必要があります。時期に応じた保険の入り方・見直し方のノウハウを解説します。
90～103P	ミニ保険ってどんなもの？	ミニ保険は月数百円からの手軽な保険です。生命保険から、ペット保険、弁護士保険までさまざま。ただし上限1,000万円の保障、保険料がやや割高なことに注意を！

第1章

ライフイベントごとに見直しを!

保険は一度入ったら終わりではありません。結婚、子どもの誕生、自宅の購入、子どもの独立、定年、年金生活など、ライフイベントごとに見直すのが基本です。ともすると「重複して加入している」、あるいは「保障内容が現状にマッチしていない」といったケースもあるので、定期的にチェックしましょう。

ライフイベントの転換点
その1：結婚・子ども誕生

「結婚＝死亡保険に入る」時代ではない

結婚したら、まずは「そもそも保険に入る必要があるのか」「どんな保険に入るべきか」を話し合いましょう。たとえば、子どもが生まれたら入るべき保険に死亡保険があります。今ある貯蓄で子どもの一生涯の教育費が払えるのなら問題ありませんが、そうでなければ入っておくべきです。

かつて専業主婦が主流だった時代は、結婚したら世帯主が死亡保険に入るのは当たり前でした。「結婚を機に寿退社した配偶者を、死ぬまで世帯主の収入で養う」「世帯主が若くして亡くなっても、配偶者が働かなくても生活できるだけの死亡保険に入る」のが基本だったからです。

しかし、共働きが増えた今は、「結婚＝死亡保険に入る」が基本ではありません。「夫婦がともに正社員で働くことで、家計を維持していくスタイルが主流になった」というか、「今の世の中、世帯主だけの収入で生活ができなくなった」からです（**図表1**）。いずれにしても、共働き世帯であれば、「結婚＝死亡保険に入る」という必要性はないと言えます。

ただし、子どもができたら、そのタイミングで死亡保険に入ることを検討するべきです。実際、どれくらいの死亡保険に入ればいいのかというと、一般に必要死亡保障額に合わせるのが理想と言われています。ただし、必要死亡保障額の計算には、遺族年金（家計を支える世帯主が亡くなった場合、配偶者や子どもが受け取れる公的年金）なども勘案する必要があるため、非常に煩雑な作業になります。だからといって、保険の営業マンに計算をお願いすれば、高額な死亡保険を提案されるのは必至です。

子ども一人当たりの「学費」に着目

筆者がおススメしているのは、子ども一人当たりの「学費」に着目し、子ども一人にかかる一生涯の学費分のお金を生命保険で備えることです。生活費については世帯主の「遺族年金」や亡くなった後に配偶者が働く「勤労収入」で補うこととし、最低限の教育費だけ死亡保険で備えるわけです。もちろん、死亡保険金が多いに越したことはありませんが、生きる確率の方が高い以上、できるだけ家計にダメージを与えないという考えです。

ただし、子どもの学費といっても人によってかなり差があるので、少なくとも小学校、中学校、高校、大学の4つのカテゴリーで私立を選択するかどうか、事前に決めておくべきです。中学から大学まで私立の家庭と大学のみ私立にする家庭では、かかる教育費に雲泥の差があります（**図表2**）。あくまでも、これぐらいの死亡保険に入っていれば、世帯主が亡くなっても子どもに教育を受けさせることができるという目安です。

この死亡保険の最も重要なポイントは、「その子どもが大学を卒業する年齢まで収入保障保険で賄う」ということです。たとえば、満期が60歳の死亡保険料よりも、満期が61歳の方が死亡保険料は高くなります。つまり、保障期間をいつまでにするかが重要なのです。浪人したり大学院へ行くことを想定し、子どもが25歳になるぐらいまで死亡保険に入れば安心です。その際、注意してほしいのは定期保険に入ると、保険料が2倍になってしまうことです。**図表3・4**の通り、収入保障保険は次第に死亡保障が少なくなるので保険料は減少していきますが、定期保険は期間内の死亡保障が同じなので保険料も同じです。三角形の面積は四角形の半分なので、保険料も半分になるわけです。

保険は損害額の大きいリスクを担保する

人生は長く、その間に想定外の出来事が起こるのは必然です。当然、誰も必要死亡保障額を正確に把握できないわけですから、大まかな数字をもとに備えをしておくことが重要です。もちろん途中で子どもの生涯教育費分の「貯蓄」ができれば、その時点で解約するのも1つの選択です。その浮いた保険料を投資に回せば、更に経済的に豊かになる可能性が高まります。

現代社会においては、誰もが家庭を持てば、独身時代にはないさまざまな責任を背負うことになります。夫婦は共同生活者なので、一方が金銭的に大きなダメージを受ければ、当然配偶者にも影響が及びます。独身時代は自分一人の責任で済んだかもしれませんが、結婚をするとそうはいかないのです。たとえば、火事を起こし大家さんから原状復帰の修繕費用を請求される、あるいは車の運転中に事故を起こし多額の賠償金を請求されるなど、生きていれば一定のリスクは誰にもあります。ともすると、人はこうした発生頻度が少ないリスクを軽視しがちです。しかし、もしそのリスクが多額の損害をもたらすとしたら、事前に回避したいと考えるのではないでしょうか。まさに保険は、そういう損害額が大きなものに対するリスクを担保するツールなのです。

図表1 専業主婦世帯と共働き世帯の推移

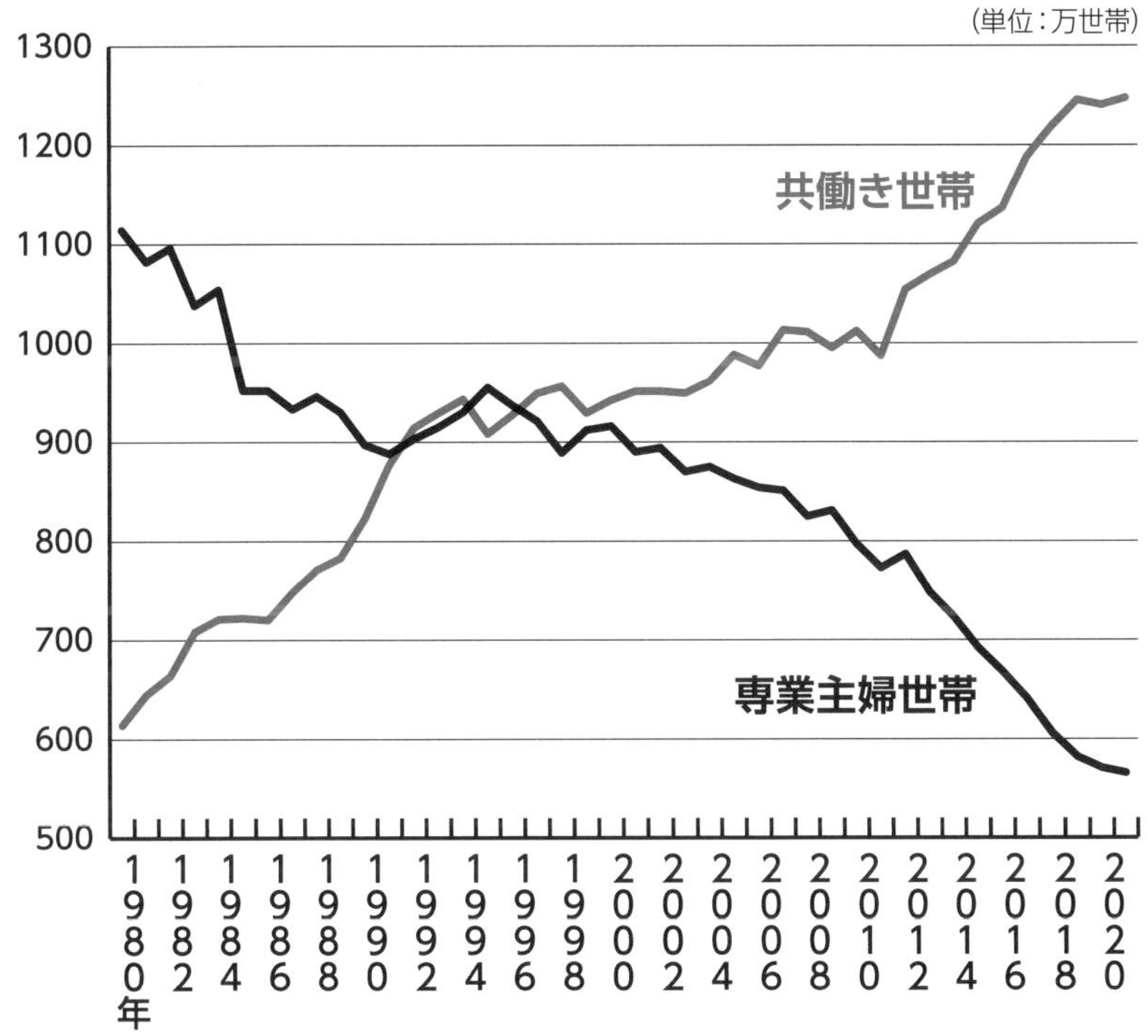

総務省「労働力調査特別調査」(2001年以前)及び総務省「労働力調査(詳細集計)」(2002年以降)

図表2 子ども一人当たりに必要な学費

すべて公(国)立	1,000万円
大学のみ私立	1,500万円
高校から私立	1,700万円
中学から私立	2,000万円
小学校から私立	2,800万円
幼稚園から私立	3,000万円

※大学費用は自宅通学で計算

図表3 収入保障保険のイメージ

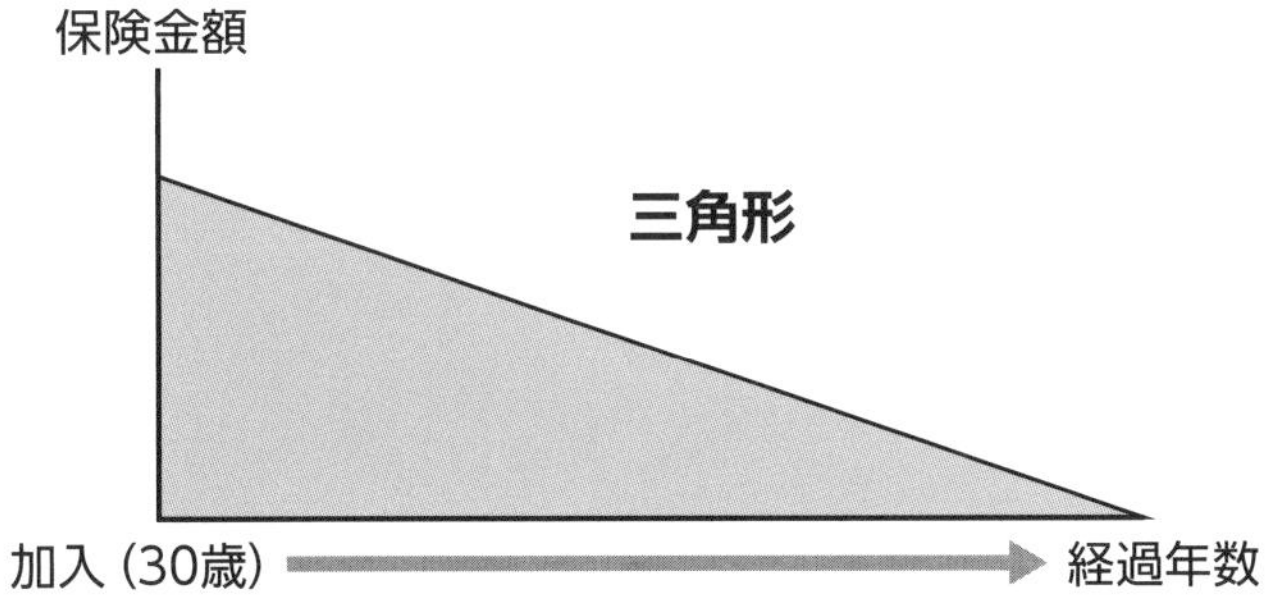

図表4 定期保険のイメージ

ライフイベントの転換点
その2:自宅購入

住宅ローンの借入と団体信用生命保険はセット

住宅購入のタイミングは、結婚後、子どもができたことである程度の広さが必要になった時が一般的です。賃貸の場合、専有面積が広い物件が少ないことが1つ、もう1つは家賃が高額になるという理由からです。もちろん昨今の国による低金利政策も、一役買っていると言えます。確かに住宅を購入すれば、家賃を払わなくて済むし、ローンが終われば自分の物になります。今の低金利時代、一見、家賃を払っているよりもお得に感じるかもしれません。しかし、現実はそんなに簡単な話ではありません。賃貸で住み続けるのか、それとも家を購入するのかは、夫婦にとって極めて大きなテーマの1つといえます。

一般に自宅を購入する場合、現金で一括払いできれば問題ありませんが、そんな人はほとんどいません。住宅は高額なため多くの人が頭金として一部のお金を入れ、残りを住宅ローンによって返済していきます。なお、民間の銀行で住宅ローンを組む場合は、団体信用生命保険に加入するのが条件になっています(**図表1**)。フラット35は任意ですが、一般的に団体信用生命保険に入ることになると考えるのが妥当です。

この通称「団信」といわれる団体信用生命保険は、住宅ローンの借入をした人が亡くなる、あるいは高度障害を負った時に、住宅ローンの借金が帳消しになるという仕組みの保険です。具体的には、亡くなった際に保険会社から銀行に直接保険金が支払われることで借金が0になります。団信の加入は、民間の銀行が提供している住宅ローンを利用する場合は基本的に必須です。一方、フラット35などの住宅金融支援機構が提供している住宅ローンを利用する場合は任意(有料)ですが、万が一の際に残された家族が住宅ローンを返済不能になるリスクを考えれば加入を前提に考えるべきです。

保険料は、民間の場合ローンに含まれているので基本的に無料です。ただし、3大疾病など上乗せタイプの団信に加入する場合は別途コストがかかります。最近はこの部分についても保険料が無料のタイプもでてきていますが、一般的に上乗せ団信で特約を付帯する場合は、その分の保険料を支払う必要があります。なお、保険料の支払いパターンは、**図表2**の通りです。

いずれにしても、長期にわたる住宅ローンは極めてリスキーです。それを担保するために「住宅ローンを組むと自動的に借入金額相当の生命保険に加入することになる」というわけです。

「団信」だけではリスクを回避できない?

住宅ローンを組むことで自動的に団体信用生命保険に加入するということは、「その分死亡保険を減らしても大丈夫」といえます。むしろ住宅ローンを組むことで、新たな金銭的負担を抱えることになるわけですから、負担軽減の意味でも保険料を減額し貯蓄を増やすことを考えるべきです。ただし、夫婦の収入合算でローンを組む場合は注意が必要です。例えば、主たる債務者が夫の場合、妻が団信に加入することはできないので、妻が先に亡くなると妻の返済分がそのまま残ってしまいます。そうしたリスクを回避するために、妻に生命保険をかけるのも1つの方法です。

団信が生命保険になるといわれてもイメージしづらいと思うので、具体的に説明しましょう。今まで賃貸物件に住んで毎月家賃を

図表1　団体信用生命保険の仕組み

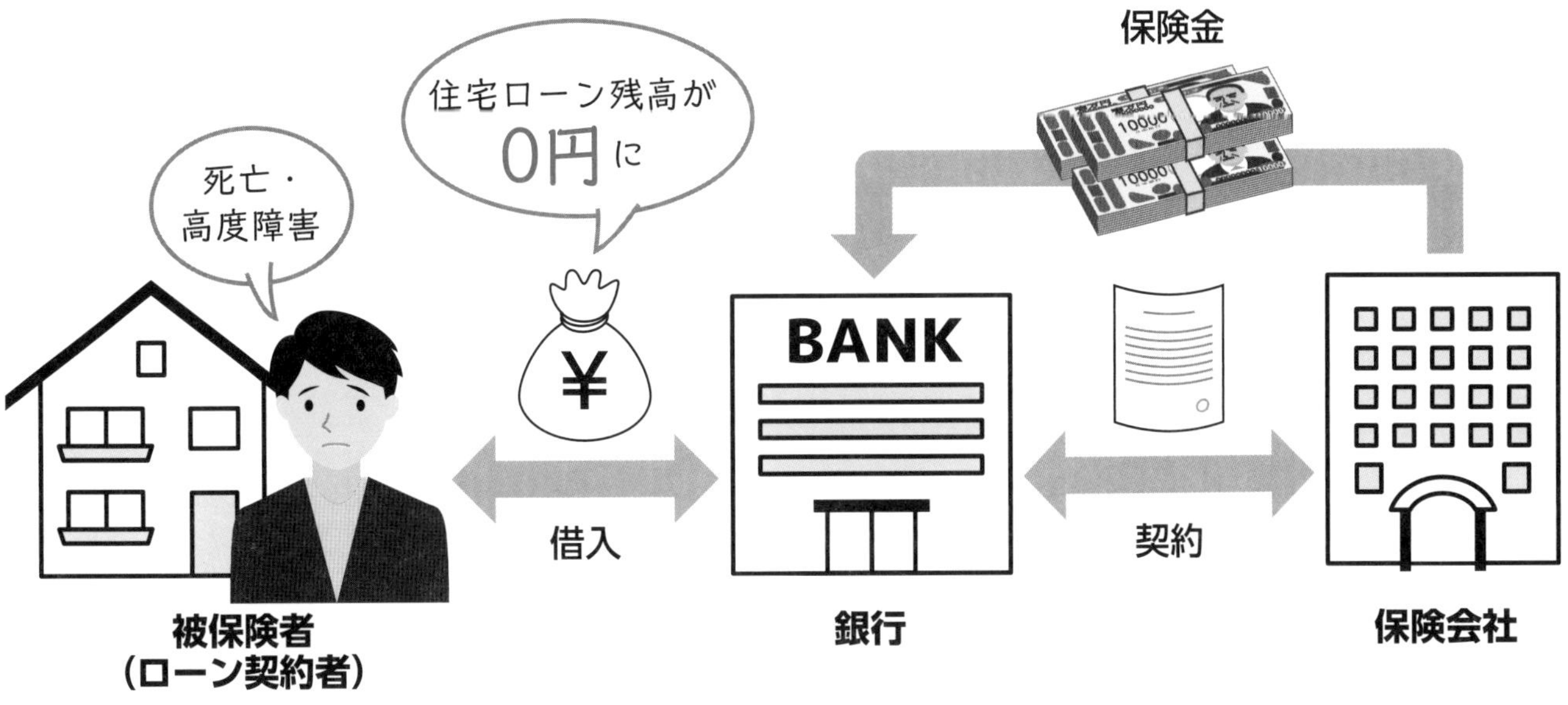
保険金
住宅ローン残高が0円に
死亡・高度障害
BANK
借入
契約
被保険者（ローン契約者）
銀行
保険会社

図表2　保険料の支払いパターン

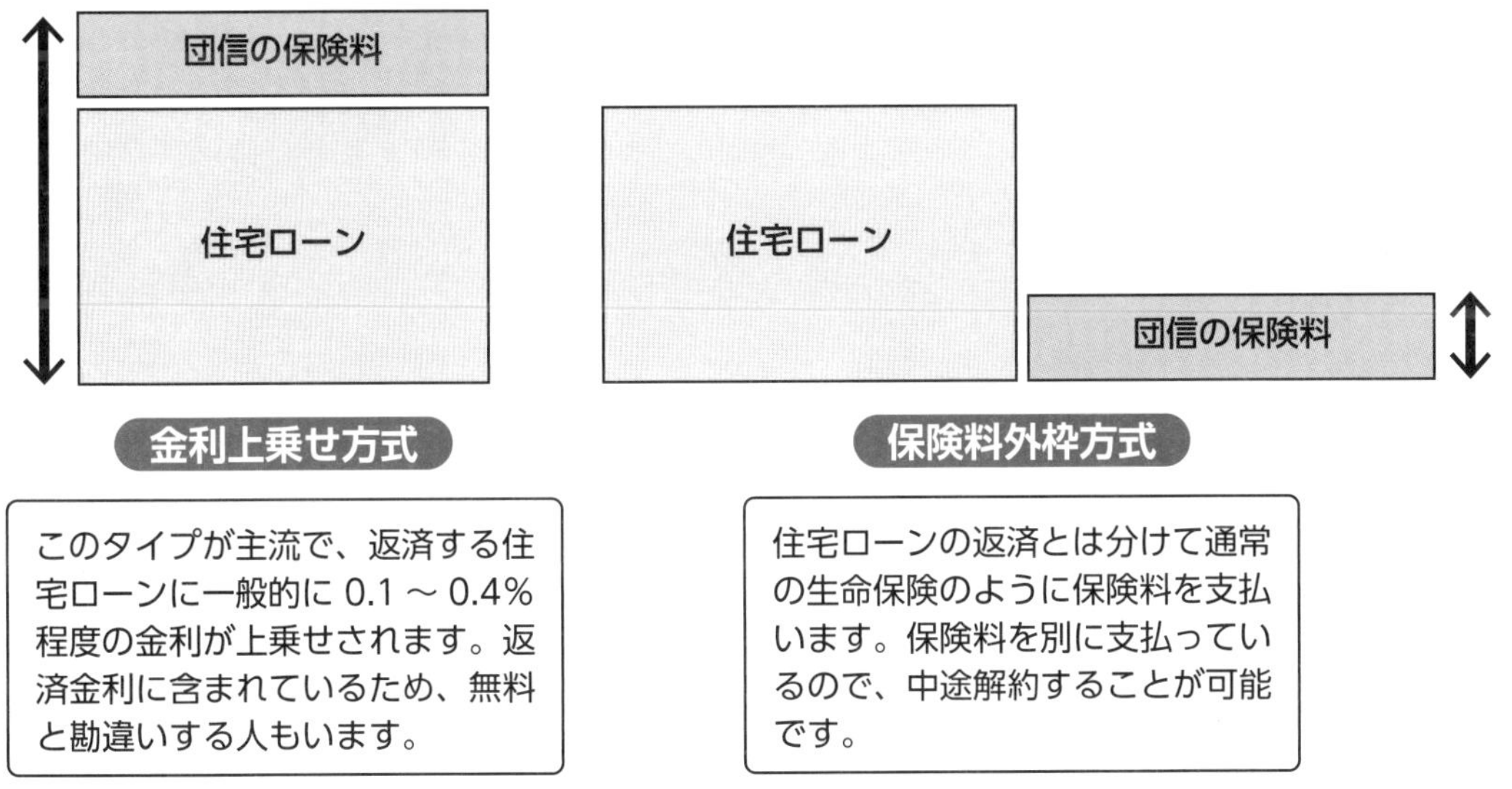
団信の保険料
住宅ローン
住宅ローン
団信の保険料
金利上乗せ方式
保険料外枠方式
このタイプが主流で、返済する住宅ローンに一般的に0.1〜0.4%程度の金利が上乗せされます。返済金利に含まれているため、無料と勘違いする人もいます。
住宅ローンの返済とは分けて通常の生命保険のように保険料を支払います。保険料を別に支払っているので、中途解約することが可能です。

支払っていた人が住宅ローンで家を購入すると、今度は家賃ではなくローンを毎月支払うことになります。その借入人が不幸にして亡くなった場合、団信に入っていれば毎月のローンが帳消しとなり、そのまま家に住むこともできます。もちろん売却すれば、そのお金を受け取ることもできます。残された妻と子供にとって、家賃を負担することなく住み続けられることが、どれだけ生活の安定につながるか想像してみてください。

　では、実際に住宅ローンを組むことで、どれくらい死亡保険を削減できるのでしょうか。それはローンの借入額によって異なってきます。例えば、子どもが２人いる家族が、３０００万円のローンを組んで家を買った場合、３０００万円の死亡保険に加入したのと同じことになります。ただし、注意しなければいけない点があります。それは、購入した家が「すぐに売れる物件なのか」という点です。例えば、駅から遠い物件の場合、一般的に買い手が見つかりにくいといわれているので、すぐに現金化できない可能性があります。そうしたリスクを担保するためにも、一定の死亡保険に加入するべきです。それでも毎月の家賃の支払いはなくなるわけですから、少なくとも生活に困らない程度の死亡保険金に変更しても問題はないでしょう。

ライフイベントの転換点
その3:子どもの独立

残された妻のための終身保険

子どもが独立すれば、生命保険の必要性は大きく減少します。そもそも生命保険が必要な理由は、世帯主が亡くなったときに、その後の「生活費」や「教育費」に困らないよう保障するためです。「教育費」が一切不要になれば、あとは「生活費」を中心に考えれば大丈夫です。通常、子どもが独立する年齢になると、親も一定の年齢に達しているケースがほとんどです。その年齢になれば、「年金受給も視野に入ってくるので、高額な死亡保険は不要になる」というイメージを持てば良いでしょう。

実際、収入保障保険に入っている人のほとんどが、末子の子どもが独立する年齢を満期に設定しています。つまり、子どもが独立するタイミングで死亡保険が一切なくなるわけですが、それで問題はないかというと、そうとは言い切れません。もし急に世帯主の夫が亡くなったらどうなるでしょうか。残された妻が葬儀費用（**図表1**）を払い、その後の生活費も必要になります。

そんな費用に備えるのに、とても役に立つのが終身保険です。文字通り「身が終わる」まで保障がある保険なので、必ず遺族は契約した死亡保険金を受け取ることができます。ただし、保障が終身のため、保険料は収入保障保険よりも高いので、あまり高額な死亡保険を残すことは難しいと思います。終身保険の保障額は、加入時の年齢にもよりますが、1000万円を限度に500万円ぐらいが一般的です。もちろん、子どもが独立した後に、充分な貯蓄を残す余裕があれば終身保険は不要です。しかし、高校や大学の教育費は決して安くはないので、「貯蓄を残すのは大変」というのが現実ではないでしょうか（**図表2、3**）。

様々なリスクへの備えを

残された妻の生活を考えるとき、自宅が持ち家なら家賃がかからないので、さほど苦労することはないかもしれません。しかし、賃貸の場合は注意が必要です。夫が亡くなった後、妻が死ぬまで家賃を支払い続けていくとなると結構な費用になるからです。貯蓄を数千万円以上残しておく、あるいは子どもが独立した後も一定の死亡保険に入っておけば安心です。もちろん相続で自宅をもらう予定がある人の場合は、そこまで心配する必要はないでしょう。

他にも人生にはさまざまなリスクがあります。事前にあらゆるケースを想定しておくことが重要です。例えば、「独立した子どもが家に戻ってくる」「子どもの独立が遅くなる」といったケースです。自宅が利便性の良い場所にあり、通勤に支障がない。しかも自分の部屋が確保されていれば、わざわざ一人暮らしをしないという選択は十分あります。その場合、就職しているので子どもの生活費の面倒を見る必要はありませんが、家が賃貸であれば引き続き家賃がかかります。夫婦2人で小さな部屋に引っ越すことをせず、子どもが住める大きさの家を借り続けるとなれば、結構な家賃負担になる可能性があるということです。

このように生命保険の必要性は、それぞれの家庭の状況や貯蓄・支出の現状と将来予測を踏まえて考える必要があります。今はインターネットですぐに保険に加入できる時代になりましたが、さまざまなケースが想定できるだけに、いざとなると二の足を踏む方が多いのでは？ 自分の死後の世界を想像し、金銭の計算をするわけで

図表1 主な葬儀費用

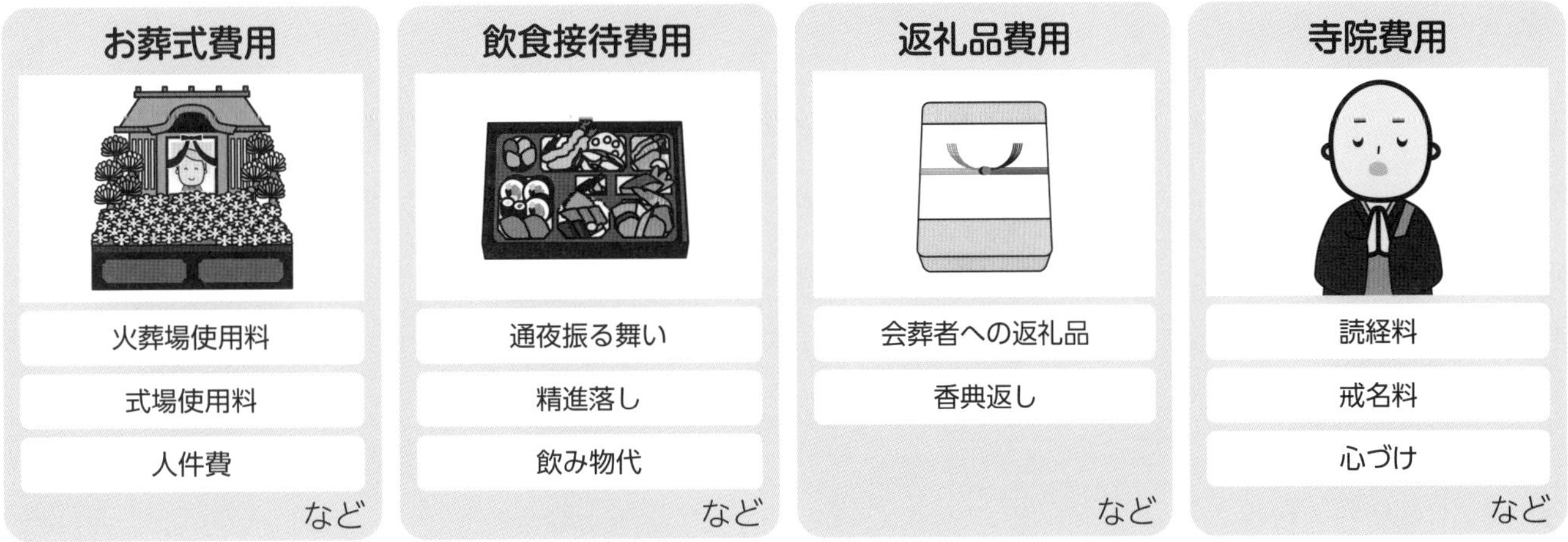

図表2

私立高等学校等の初年度生徒等納付金平均額（令和3年度）

区分	授業料	入学料	施設設備費等	計
幼稚園	322,637	60,423	39,579	422,639
小学校	471,834	187,459	201,286	860,579
中学校	438,559	190,337	181,257	810,152
高等学校（全日制）	441,101	163,279	148,315	752,696

資料：文部科学省 HP　（年額：円）

図表3 私立大学等の入学者に係る学生納付金等（令和3年度）

1. 私立大学（学部）・短期大学・私立高等専門学校

	授業料	入学料	施設設備費	合計
私立大学	930,943	245,951	180,186	1,357,080
私立短期大学	723,368	237,615	166,603	1,127,586
私立高等専門学校	627,065	246,753	10,195	979,013

※集計学校数：私立大学597大学、私立短期大学282大学、私立高等専門学校3校　（年額：円）

2. 私立大学大学院

	授業料	入学料	施設設備費	合計
博士前期課程	776,040	202,598	76,206	1,054,844
博士後期課程	628,729	189,623	51,842	870,194
専門職学位課程	1,086,353	198,190	60,274	1,344,817

※集計学校数：博士前期課程449大学、博士後期課程317大学、専門職学位課程43大学　（年額：円）
資料：文部科学省 HP

すから、当然と言えば当然かもしれません。大事なのは、世帯主が亡くなった後に、残された遺族ががむしゃらに働かなくても、今の生活を続けることができるようにすることです。残された妻も子どもが独立した頃の年齢になると、簡単には仕事につけないことも考えられます。保険に入る際には、まずは家族同士でよく話し合うことをお薦めします。

ライフイベントの転換点
その4:定年・年金暮らし

退職金は老後の貴重な生活資金

定年や年金暮らしが間近に迫ったサラリーマンにとって、大きなイベントと言えるのが「退職金」です。勤続40年超ともなれば、それまでの人生で手にしたことのないレベルの大金がいきなり口座に入ってきます。そうなれば当然、このお金を狙ってさまざまな営業が押し寄せてきます。今まで経験したことがない甘言を弄した誘惑が、次々と舞い込むので、十分注意しましょう。

退職金は決して、すぐに使っていいお金ではありません。老後の生活をしていくために少しずつ切り崩して使っていく、つまり絶対に減らすことができない大事なお金です。ともすると「これまで必死に働いたご褒美」と自ら言い聞かせ、高級車を購入したり、世界1周旅行に出かける。あるいは知識も経験もないのにリスクの高い投資商品や不動産投資に挑戦したり、起業を目指して大きな先行投資をする。そんな誘惑にかられるかもしれませんが、決して拙速な行動は自重するべきです。若ければ再チャレンジも可能ですが、定年後に再び労働でお金を稼ぐのは極めて困難です。くれぐれも拙速な行動は慎むよう肝に銘じましょう。

人は定年年齢になると、何らかの病気を抱えるものです。そうなってから保険に入るのは難しくなるので、前もって健康なうちに必要な保険に入っておきましょう。生命保険は原則、定期的に通院していたり、持病を抱えている人は入れません。例えば、高血圧症や高脂血症の人が薬を飲むことで適正な数値を維持していれば問題なく入れますが、糖尿病で通院を続けていたり、心臓の病気を患っている人の加入は難しくなります。

また、定年になってから新たに保険に入ろうとすると、保険会社が「年齢的にリスクの高い人」と判断するため保険料が高くなってしまいます。できれば定年になる頃に保険料の支払いが終了する５００万円ぐらいの終身保険に加入しておくと良いでしょう。終身保険は、その名の通り保障期間が終身の死亡保険です。人はいずれ亡くなるので、確実に遺族に死亡保険金を残すことができます（**図表1**）。例えば、一家の大黒柱が急逝しても終身保険で葬儀費用が払えるので、遺族にとっては、急な出費に対応できる心強い保険と言えます。

生命保険を有効活用しよう

退職金とは別に多くの金融資産を持っていれば、生命保険を相続税対策に使うことが可能です。生命保険の場合、法律で「５００万円×法定相続人」には相続税がかからないので、この分の死亡保険金を無税で受け取ることができます。極めて有利な制度なので、まずはこの枠を使うことから検討しましょう（**図表2**）。

また、孫を被保険者（保険の対象になる人）にして、祖父母が契約者となって医療保険に入る、いわゆる医療保険を孫にプレゼントするというスキームも相続税対策として有効です。保険料の支払いを5年から10年とし、保障は終身とすることで、祖父母が生きている間に保険料を払い終え、孫は死ぬまで保険料を払わずに医療保障が受けられます。まさに孫にとっては最高の贈り物と言えます。保険料の支払いが終わった時点で名義変更すれば孫の医療保険になるし、祖父母にとっても払った保険料分の金融資産が減少するので相続税対策にもなるわけです。

図表1 終身保険の主な特徴

保障は一生涯	被保険者が生存していて保険を解約しない限り、保障が一生涯続き、死亡したときに保険金を受け取ることができます。
解約返戻金がある	保障が必要なくなったとき、あるいはまとまったお金が必要になったときに解約すると、解約返戻金を受け取ることができます。ただし、条件によっては解約返戻金が払込保険料の総額を下回ることがあります。
払込期間を設定できる	保険料の払込期間を一生涯払い込むタイプと、50歳や70歳まで、10・15・20年など一定期間まで払い込むタイプから選ぶことができます。

図表2 生命保険活用のメリット

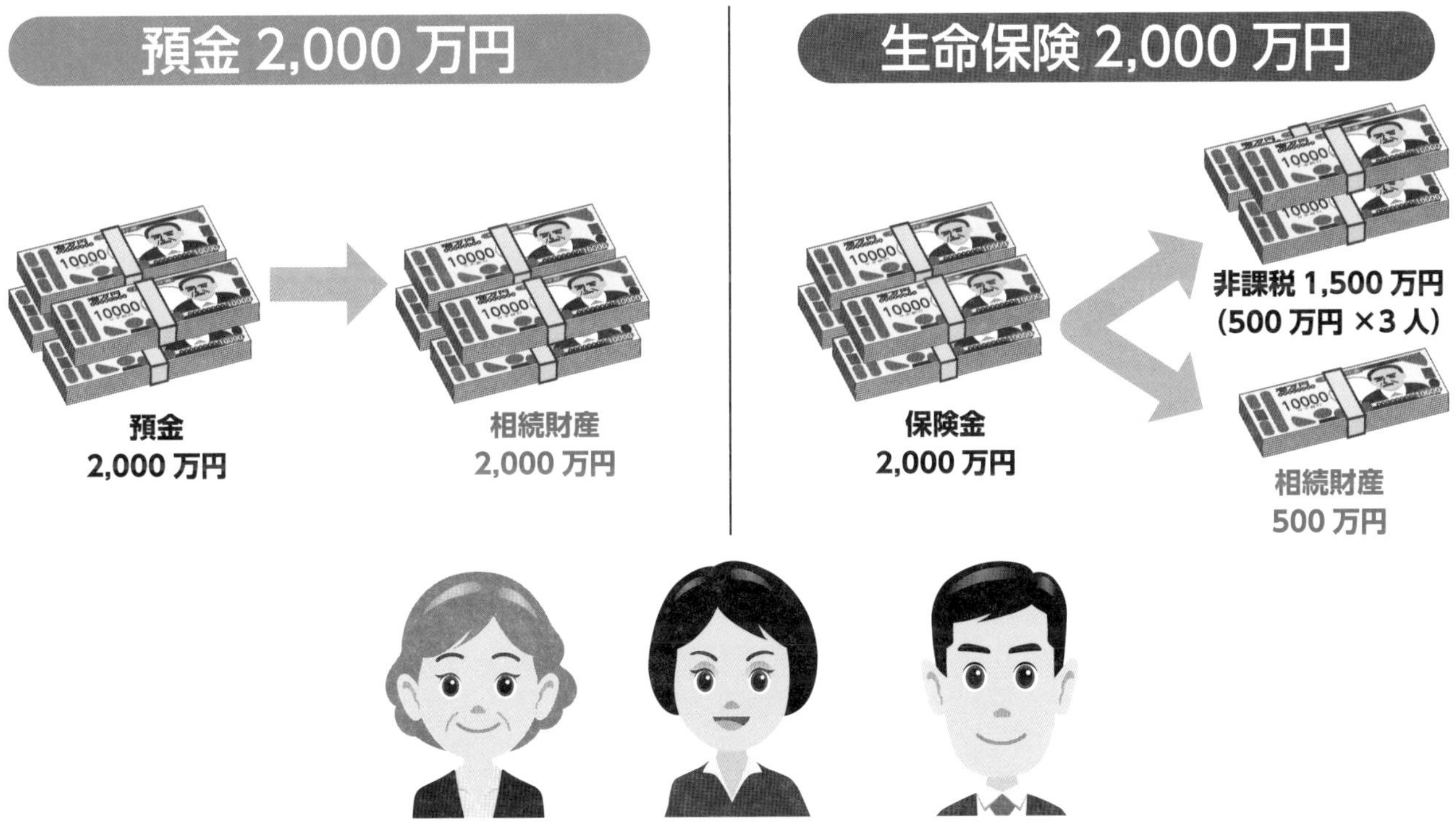

法定相続人が 3 人のケース

一般的に定年・年金暮らしになれば、子どもは独立しているので、高額な死亡保険は不要になります。それでも葬儀などの急な費用は必要ですし、事前に相続税対策として生命保険を利用すればメリットを享受できます。ただし、どちらを利用するにしても健康でなければ加入することができません。健康に老後を迎えることは、単にQOL（クオリティ・オブ・ライフ、生活の質）を上げるだけでなく、保険に入るリスクを軽減するという意味でも極めて重要なのです。

最近は、保険会社も健康に対してインセンティブを与えるサービスを提供し始めています。例えば、喫煙者が保険に入った後にタバコをやめたら保険料が返ってくる保険など、各社が「保険に入って、健康になろう！」というキャンペーンを行っています。たとえ保険料が返ってくるという理由でも、健康を目指すことは誰にとっても価値のあることです。保険に入っても、「健康的に生きることが人生を楽しくする一番大事な要素だ」ということを、常に意識して生活することを心がけましょう。

住宅購入は将来を見通してから決める

郊外の一戸建ては売却しにくい

木材などの原材料価格の高騰により、住宅価格が全国的に上昇しています。もちろん住宅メーカーもただ手をこまねいているわけではなく、自由な間取りはできないものの注文住宅より 10 ～ 20% 価格を抑えた規格住宅で対応しようと懸命です。

一般的に住宅購入は、人生においてもっとも高額な買い物といっても過言ではありません。核家族化や都市への一極集中など、社会環境が激変する中にあって、これまでように多くの人が当たり前のように住宅購入する時代は続くのか。今こそ、「一戸建てを建てる」という考え自体を再考するべき絶好のタイミングではないでしょうか。

そもそも家は、同居する人数によって必要な広さが変わります。たとえば、子どもが 25 歳で独立して家を出ていけば、「一戸建ては必要ない」と多くの人が考えるはずです。子どもができたことで一戸建てを購入し、やがて子どもが独立して家を出て行く。問題は、その時点で木造の一戸建ての家を売却しようとしても、一般的に木造の耐用年数は２２年なので、思うような価格での売却は期待できないということです。しかも売却するにはキッチン、お風呂、トイレなど、お金がかかる水回りのリフォームが必要になる可能性すらあります。

このように一戸建てには、売却しにくいという大きな問題があります。確かに住んでいるときは、部屋は広いし物音をあまり気にする必要がないなど、住みやすさを感じることが多いかもしれません。しかし、子育てを終え、「老後は２人で小さな家に住みたいので売却を」と思っても、その時点で買い手が付かない可能性が高いのです。特にこれからの時代、少子化だけでなくインターネット環境の整備等によって、住まいのあり方が大きく変わる可能性があるだけに、一戸建てを買う場合は「売れないリスクがある」ことをよく考えてから購入を決断するべきです。

マンションは、ローンとは別に毎月費用がかかる

それならマンションを購入する方が無難かというと、必ずしもそうとは言い切れません。確かにマンションの場合、一般的に管理会社が管理してくれるので、安全・環境面での心配はそれほどありません。大規模修繕なども比較的スムーズにできます。しかし、水回りは必ず老朽化するので、いずれ負担が生じます。また、住宅ローンとは別に管理費、修繕積立金などの費用が毎月かかるので、その負担も考慮しなければいけません。しかも、この２つについては「購入時のまま上がることはない」という保証がないので、事前にチェックする必要があります。特に修繕積立金については新築時に安く設定し、数年後に上がるパターンが多いので、必ず購入前にチェックすることをお薦めします。

たとえば、都心にある駅近の人気マンションであれば、価格が上がる可能性は十分あります。住宅ローンさえしっかり払い続けることができれば、そこに住むこともできるし、売却に困ることもないので、一石二鳥と言えるかもしれません。つまり、経済合理性で考えれば、主要都市の駅近マンションはお得な買い物と言えるかもしれません。しかし、価格が高いということは住宅ローンの金額も大きくなるし、当然、維持費も高額です。さらには金利上昇のリスクもあるので、維持するのに必要な資金的余裕がある人以外は買うべきではないと考えます。

実際、そうしたマンションを平均的な会社員が購入できるかというと、今や手の届かない金額まで跳ね上がっています。購入できるのは、そうした高級マンションを住宅ローンで組める年収がある人たち、つまり税金対策として購入し、住まなくなったら賃貸で家賃収入を得ようとしている人たちがほとんどなのです。

それなら「せめて郊外の戸建てを」と思うかもしれませんが、前述した通り売却しにくいなどさまざまなリスクがあります。確かに今後もマイナス金利政策が続けば、「住宅ローン税額控除」の方が金利負担よりも大きいという状況が続く可能性は十分あるので、かなりのお得感があるのは事実です。住宅販売会社は、そこを強調して勧めてくるわけですが、前述した通り住宅購入にはさまざまなリスクが伴います。特に注意しなければいけないのが、「売却したいと思った時に売れない」というリスクです。そのリスクを承知の上で買う覚悟があるかどうかです。

いずれにしても、家の購入は将来設計をもとに、こうしたリスクを考慮したうえで決断するべき重要案件です。もし不安があるようなら、ＦＰなどに相談するのもよいと思います。

郊外の一軒家は子育てにもいいけれど、後々売却できないとなると？

第2章

保障と貯蓄は別々に考えよう!

安心安全な老後生活を迎えるためには、「保障は保険、貯蓄は投資」と２つの分けるのが大原則です。保険一覧表を作成して不要な保険を見つけ出し、そのお金を投資に回しましょう。途中解約の手続きは簡単です。減額、払い済み保険、延長保険など、状況に応じて使い分けることで、上手にお金を使うことができます。

保障は「保険」、貯蓄は「投資」と2つに分けよう

貯蓄型保険は本当に魅力的？

生命保険には、「貯蓄と保障の両方を実現できる」をキャッチフレーズにした、貯蓄性を備えた商品が多くあります。「どうせ保険に入るなら、貯蓄ができる方がお得」という消費者心理を巧みについた商品と言えますが、1つ注意が必要です。それは、貯蓄型保険の場合、「解約時に戻ってくる解約返戻金が、支払った保険料を大幅に上回る可能性は極めて低い」ことです。「別にお金が増えなくても保障がついているから良い」という人であれば問題ありませんが、「今あるお金を1円でも多く増やしたい」と考えているのなら再考するべきです。

一般に生命保険は、純保険料と付加保険料で構成されています。前者は純粋に死亡保険を支払うための積立金で、後者は保険代理店の手数料や保険会社の社員の人件費など、保険会社を運営するのに必要な経費を指します。もちろん資産運用に関する経費もここに含まれます。問題は、貯蓄型の生命保険の場合、このコストがお金を増やす足かせになることです。また、保障面でもあまり充実した内容とは言えません。コストがかかる上に、保障内容もそれほどではないのであれば、「保険はあくまでも保障で、貯蓄は投資」と2つに分けて考えるのも1つの選択肢だと思います。

また、最近は円建ての終身保険の利回りが低いこともあって、ドル建ての終身保険（変額保険）が流行っていますが、これも「お金を大きく増やす」という意味では有効な金融商品とは言えません。というのも、この保険は運用実績に応じて解約時の返戻金が変わるのが特徴ですが、一般に払込満了にならないと、解約返戻金が払込保険料の累計を上回ることにならないからです（**図表2**）。

仮に6％で運用し続けても20年を超えないと、解約返戻金が払込保険料の累計を超えない商品もあります。これでは、あまりにも時間がかかりすぎます。すでに潤沢な資産があれば問題ありませんが、これから資産を形成していこうという人にとってはリスキーな選択と言えそうです。

投資が必要な時代

日本の場合、投資をしたことがあるという人は極めて限定的で、多くの人が未経験者です。なぜ日本では投資する人が少ないのでしょうか。ある意識調査によると、投資を検討しない最も多い理由として、「十分な知識がない」ことを女性の約76％、男性の約58％があげています。つまり、投資未経験者の多くが「損をする」「リスクが大きい」「難しい」といったネガティブなイメージを持っているのです。

例えば、アメリカでは子どもの自立を促すために、両親が早くから投資について教え込みます。また、学校でも10歳前後から金融投資の授業があり、株式投資のシミュレーションやお金の管理などをゲーム感覚で学びます。つまり、アメリカでは、投資はマイナスイメージより、むしろ人生に必要不可欠なスキルと認識されているのです。日本でも高校で教えるようになりましたが、多くの人に意識づけされるには、まだ時間がかかりそうです。

そうは言っても、年金の将来像や右肩上がりを想定できない給料のことを考えれば、たとえリスクがあっても投資について勉強するべきではないでしょうか。過去30年、日本の平均給与はほとんど上がっていません。低迷する日本経済の現状に鑑みれば、今後も上が

図表1　外貨建て終身保険の仕組み

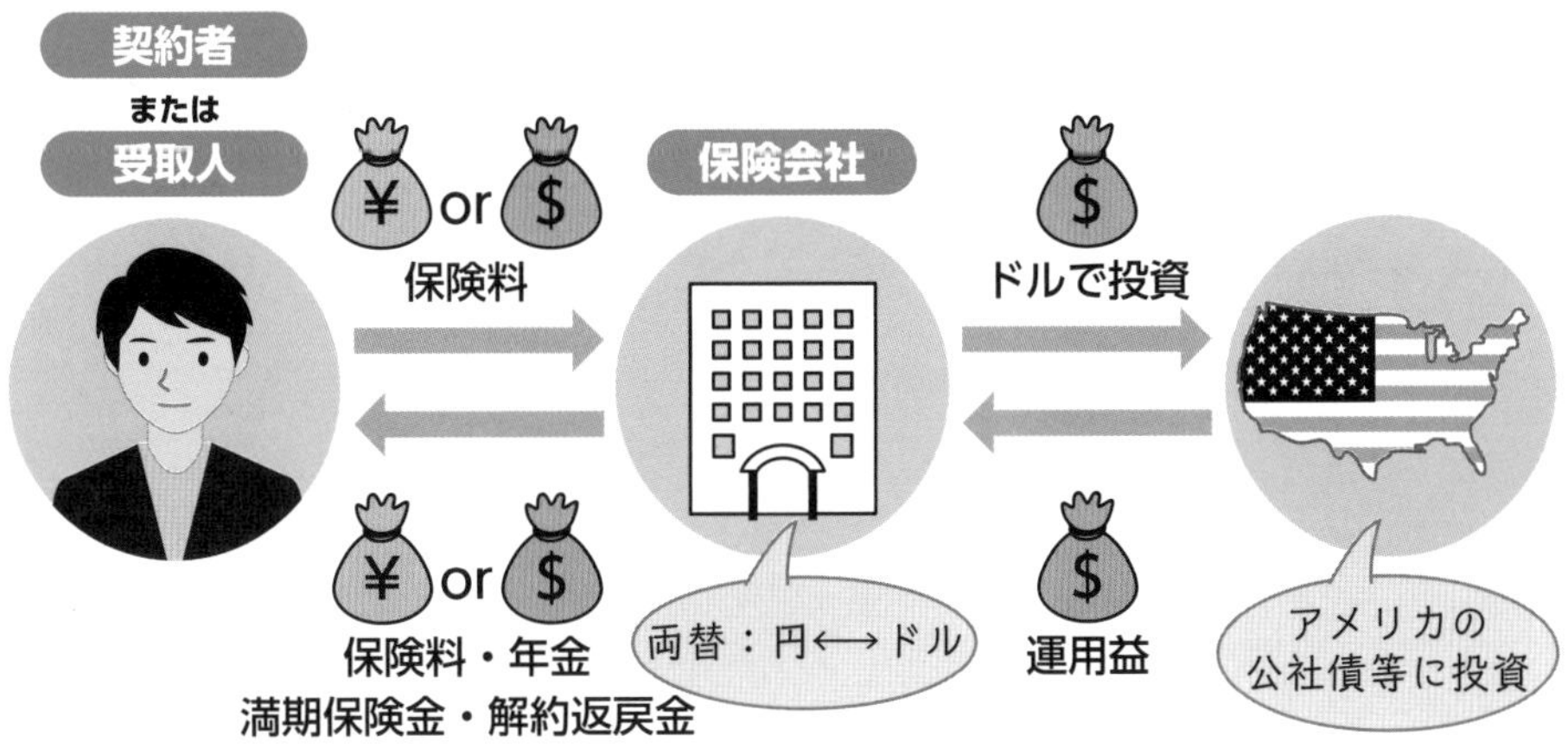

図表2　外貨建て終身保険の支払いイメージ

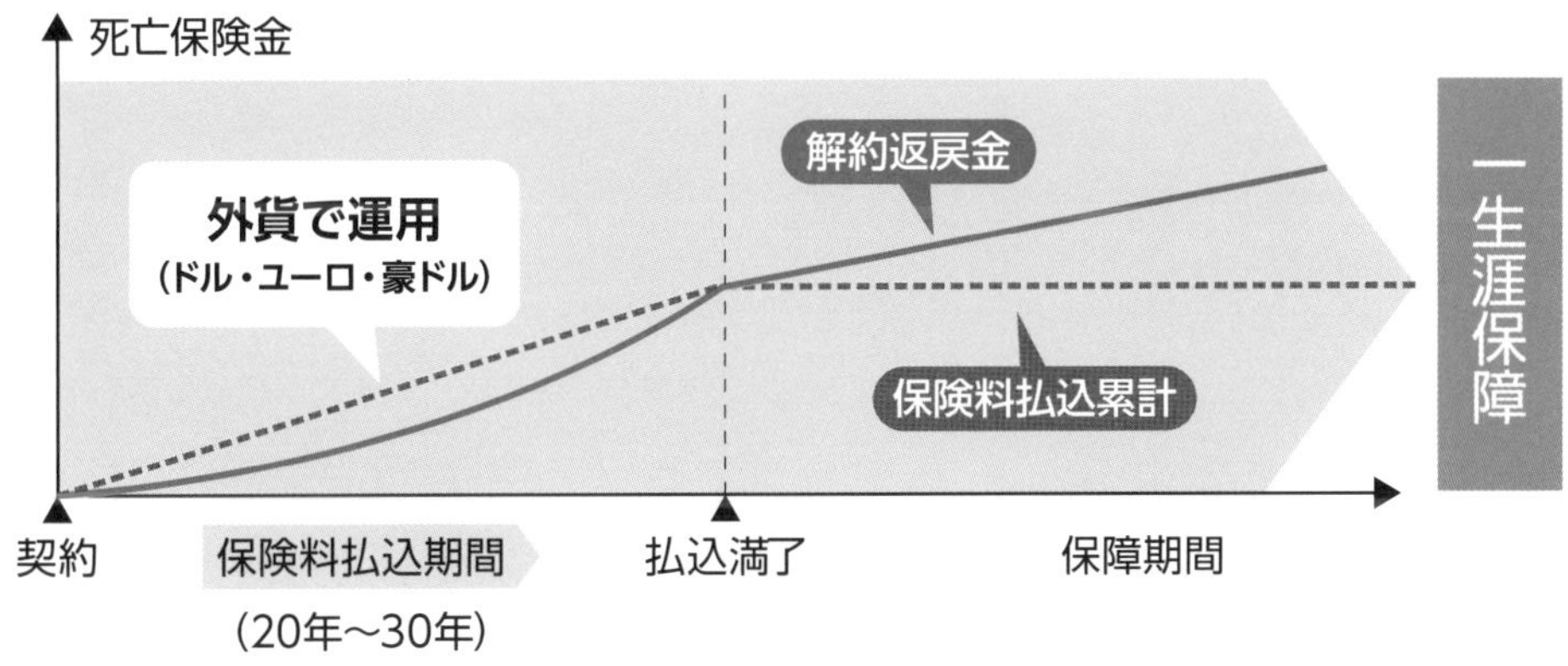

図表3　株式投資の仕組み

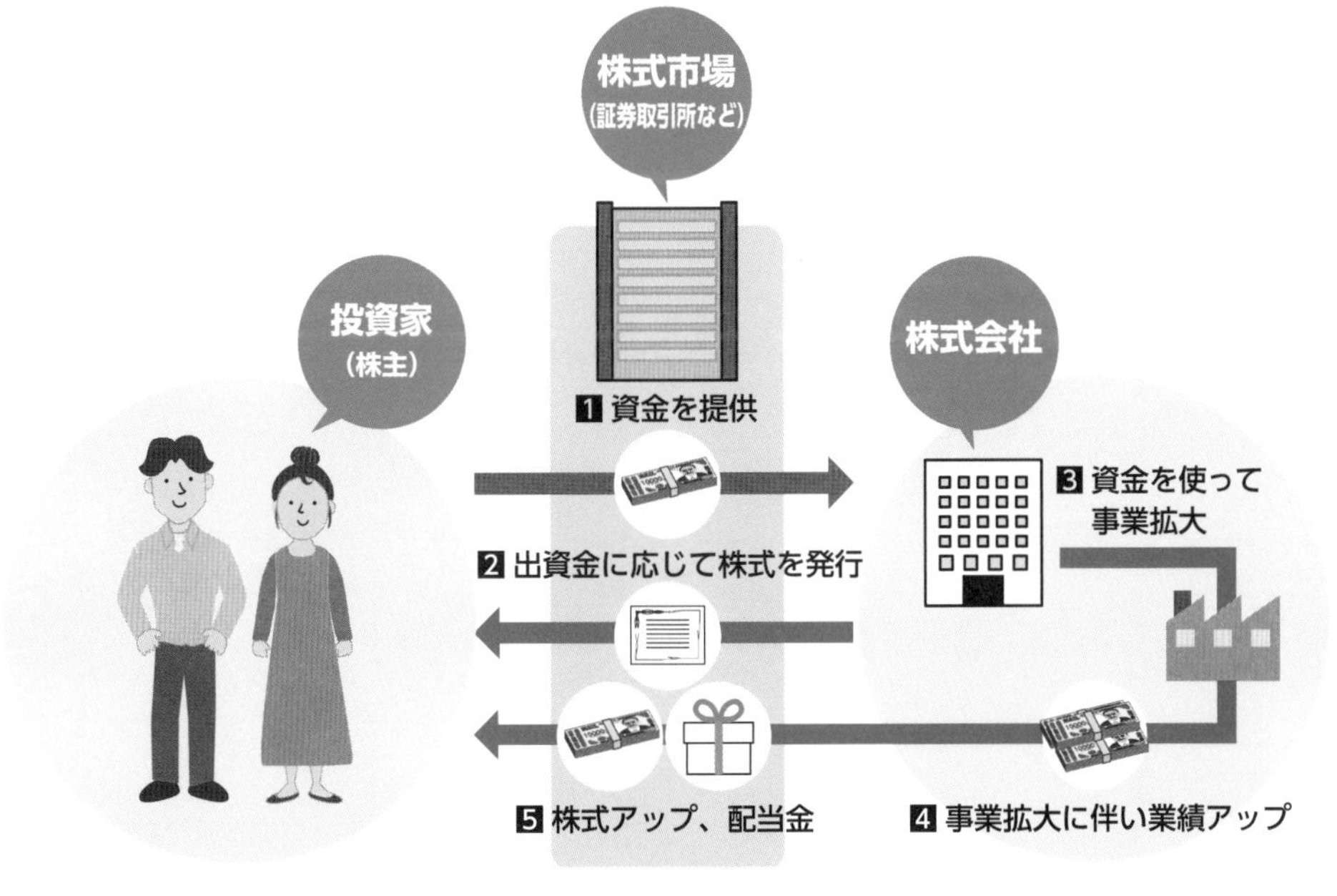

る可能性は極めて低いと考えられます。もちろん、個人で勉強してスキルアップすれば、転職や起業により給料を増やすことは可能ですが、家庭の状況や資金繰りなどの関係もあり、誰もが目指せるわけではありません。

だからこそ、お金を増やせる可能性がある投資をやってみることは大事なのです。特に、個別株への投資を取り組むことは、リスクは大きいですがリターンも大きいので挑戦してみるべきです（**図表3**）。投資は、毎日暦通り値動きがあるため日々資産が動きます。ただし、株価が上がり評価額が上がっても、売却しなければ確定しません。同様に株価が下がり評価額が下がっても、売却しなければ確定しません。応援したい企業の株を買い、下がっている時には売らなければ損失は確定せず、配当金を年に1~2回もらうことがでるのです。

お金がお金を生む仕組みを経験すれば、自然に投資をやる意味が分かるようになります。また、株主優待を利用すれば、レジャーや食費などの生活費の削減にもつながります。今はNISAやiDeCoなど、投資を始めやすい商品がたくさんあるので、まずはNISAで個別株からやってみてはいかがでしょうか。

家計支出の見直し方

貯蓄は老後の糧

　そもそもなぜ、人生において貯蓄が必要なのでしょうか。理由はズバリ、一生涯働き続けることが難しいからです。数年前に「老後2000万円問題」（9ページ参照）が突如話題になったように、貯蓄は老後安心して生活するために必要不可欠なお金というわけです。

　では、どうすれば貯蓄ができるようになるのでしょうか。例えば、給料が右肩上がりに確実に上がっていく、あるいは給料の高い会社に転職できれば貯蓄することは十分可能です。しかし、どちらも不確定要素が多分に含まれており、安易にそれらに頼るのは危険です。より確実に貯蓄するためには支出の削減、つまり家計支出の見直しから始めることをお勧めします。

　支出削減を考える際のポイントは、家計を企業と同じように固定費と変動費に分けて考えることです。固定費は、「家賃」「保険料」「食費（外食、中食、内食）」「携帯代」など毎月必ず支出が発生する費用を、変動費は、「旅行費」「交際費」など月によって金額が変動する費用を指します。まずは、「この中で毎月一番多く支出しているものから見直しを検討する」というのが一般的な手法です。通常、変動費よりも固定費が高額になっているケースが多いので、以下主な固定費について解説していきます。

　見直しにあたって最も大事なのは、「ただ安くすればいいという訳ではない」ということです。例えば、風呂なしのアパートに引っ越せば、確かに家賃を大きく削減することはできますが、生活環境の悪化によってストレスが溜まり病気になることだってありえます。あくまでも「許容できる範囲、かつ無理をしない程度に長く続けられる範囲で、一般的に見て高いと思われるものから削っていく」という姿勢が大事です。

今後は有力候補となる「家賃」

　1つ目は、「家賃」です。これは住んでいる場所によって大きな差があります。特に高いのが首都圏で、家賃が家計の半分程度を占めているケースも少なくありません。一般的に家賃を削減するとなると、住環境の低下をはじめ近郊から郊外へ、あるいは駅から離れた場所、交通手段が限定され通勤に長時間かかる場所など、時間的負担が増えることになります。前述したとおり、環境変化が心身に支障をきたす可能性は誰にでもあるので、事前に削減効果と十分比較考量したうえで、判断することが重要です。

　ただ、最近はリモートワークの会社も増えてきているので、通勤時間に制約されない人にとっては1つの選択肢と言えます。実際、東京の中でも家賃相場が比較的低い八王子市や埼玉県、千葉県、神川県など、都内に2時間以内で通勤できる場所に転居する人が増えているようです。また、転職をする際の条件に、在宅勤務ができる会社を指定する人も増えているようなので、いずれ在宅勤務が主で、出社は週に1回程度というビジネススタイルになるのかもしれません。

　そうなってくれば、家賃の削減は最も有力な選択肢になります。今まで勤務地に30分以内で通える場所を条件にしていた人が、在宅勤務で出勤が週1回になれば、遠隔地でも十分通勤は可能です。しかも、自然環境に恵まれた場所で暮らすことで、家族全員が心身共にリラックスできるといったメリットも享受できるかもしれません。今までは時間的制約からリスクが多かった遠隔地への移住も、在宅勤務によって大幅にリスクを削減できる。そういう意味では、今はとても良いタイミングと言えそうです。

外食は内食の2倍

「保険」については、次の20・21ページで詳しく説明するので、ここでは「食費（内食、中食、外食）」について検討しましょう。まず食費ですが、食費で一番高いのは外食です。外食は、調理・片付けをする必要がなく、労力や時間を節約できるので、栄養バランス等を考えなければ最も効率的です。ただし、食費が高額になるという最大の問題があります。一般的に外食と内食では、金額でみて2倍程度の差があると言われています。例えば、ランチで1000円、夕食に1000円の定食を食べると、一日当たり2000円かかります。これが30日続くと、これだけで6万円の支出です。友人や恋人と飲みに行ったりすれば、さらに大きな金額になります。

一方、自炊派の場合、持参するお弁当代は400円以内、夕食代も600円程度で収まります。つまり、一カ月の食費は約3万円と半分程度となり、これを年間に換算すれば、36万円もの節約につながるのです。「一日単位では小さな金でも、積み重ねると大きな消費に繋がる」ということを、常に念頭に置くことが大事なのです。

そもそも、なぜ外食の方が内食よりも高くなるのでしょうか。それは、一般的に外食産業の食材費は平均して約3割、あとは人件費、家賃、光熱費、利益などとなっているからです（**図表1**）。例えば、1000円の定食を食べると、そのうちの約300円が食材費になります。内食とは仕入れ費用が違うので全く同じ金額にはなりませんが、400円程度あれば同程度の食材を手に入ることができるわけです。もちろん光熱費など多少費用はかかりますが、こうした知識を持つことで、外食の見方も変わるのではないでしょうか。

老後2,000万円問題とは

2019年に「老後20～30年間で約1,300万円～2,000万円が不足する」という金融庁のワーキング・グループの試算がメディに流れ、財務大臣が受け取りを拒否したことで問題化しました。元データは厚生労働省による年金の受給額で、夫65歳以上、妻60歳以上の無職夫婦の収支は、収入が月20万9,000円に対して、支出は26万4,000円と、毎月約5万5,000円の赤字になる。仮に夫が95歳まで生きるとすると、30年間で約2,000万円不足するというものでした。年金モデルの崩壊を示唆しかねないと考えた政府は、この試算を公式に認めませんでしたが、老後の資金について考える良いきっかけになったのは間違いありません。ただし、この数値はあくまでも平均値であり、1ヵ月26万円の支出は居住地域や所得層によって大きく変わるので参考程度にとどめるべきです。

図表1

一般的な飲食店のFLR※比率

売上高	食材費（約30%）
	人件費（約35%）
	家賃（約10%）
	その他（約5%）
	利益（約20%）

※Food（食材費）、labor（人件費）、Rent（家賃）
注：レストランやカフェなど、業態によって多少異なります。

リモートワークができるので、郊外に転居するのもありかな？

不要な保険・必要な保険の見つけ方

保険は付き合いで入らない

生命保険や損害保険に加入する場合、多くの人が人間関係、つまり「付き合い」を大事にしているようです。一般的に保険商品は、誰から入っても同じ保障内容だし、保険料も同じなので、「どうせ入るなら付き合いのある人から入ろう」となるわけです。

もちろん人間関係を大事にするのは良いことですが、それが思わぬ障害になることがあります。例えば、「家族構成が変わったので保険の見直しを検討したいと思っているが、お世話になった先輩から入った保険だからやめられない」、あるいは「解約したいが、古くからの友人を困らせることになりそうなので話を持ち掛けられない」など、保険の商品性とは違うところで、見直しができない人が少なからずいらっしゃいます。

そこで、今一度考えてほしいのは、「誰が保険料を払っているのか」ということです。自分が汗水流して働いた給料から社会保険料や税金が引かれ、ようやく手にした手取りの中から保険料を払っているわけですから、もっと真剣に「お金の使い道」を考えるべきです。

もちろん必要だと思う保険に入ること自体に問題ありませんが、「途中で見直したいな」と思った時、「お世話になった先輩から入った保険だから見直せない」と考えるのは賢明ではありません。たとえ大恩人であっても、感謝と保険の契約は全く別の問題です。もし今後、保険に入る機会があれば、そういう付き合いでの契約は絶対に慎むべきです。そもそも保険でしかつながらない人間関係なら、長くは続かないと思います。

進化を続ける外資系スタッフ（ライフプランナー）

最近、紹介セールスが基本の外資系の生命保険会社が、どんどん紹介でお客様を増やしています（**図表1**）。紹介してもらうには、まずは最初のお客様に納得してもらわなければいけません。それには紹介する保険がどれだけ素晴らしい商品かを説明するプレゼンテーション技術が必要ですが、外資系のスタッフは、その技術を日夜磨いているのです。

今、多くの人がこうした外資系スタッフのプレゼンテーションに感動し、「この人は信用できるので、ぜひこの人から保険に入りたい」と思って契約しているわけですが、前述したとおり保険商品は誰から入っても内容や保険料は同じです。だからこそ、決して相手の人柄や態度、あるいは好感度をもとに保険に入るべきではないのです。あくまでも保険は保障であって、それ以上でもそれ以下でもないことを念頭に置いて検討しましょう。

不要・必要な保険を見つけ出す

では、どのようにして不要な保険を見つけ出せばいいのでしょうか。まずは積立型の保険商品（変額保険、終身保険、養老保険など）の中に、過剰な保険料となっているものがないか点検しましょう。いずれの商品も解約返戻金が高く設定されている分、掛け金も高くなっているからです。

16ページで解説した通り、積立型の保険商品は保障と同時に貯蓄もできることを売りにしているわけですが、一般的に見て保障は「保険」、貯蓄は「投資」と2つに分けるほうが効果的な場合が多いのです。なお、具体的な見直し方法については、24ページで詳しく説明するので、ここでは解約だけで

図表1　主な外資系保険会社

アクサ生命保険株式会社
アクサダイレクト生命保険株式会社
アメリカンファミリー生命保険株式会社
AIG(アメリカン・インターナショナル・グループ)
アリアンツ生命保険株式会社
エヌエヌ生命保険株式会社
カーディフ生命保険株式会社
クレディ・アグリコル生命保険株式会社
ジブラルタ生命保険株式会社
チューリッヒ・ライフ・インシュアランス・カンパニー・リミテッド
プルデンシャル生命保険株式会社
プルデンシャル・ジブラルタファイナンシャル生命保険株式会社
ニッセイ・ウェルス生命保険株式会社
マニュライフ生命保険株式会社
メットライフ生命保険株式会社

図表2　収入保障保険の仕組みと具体例

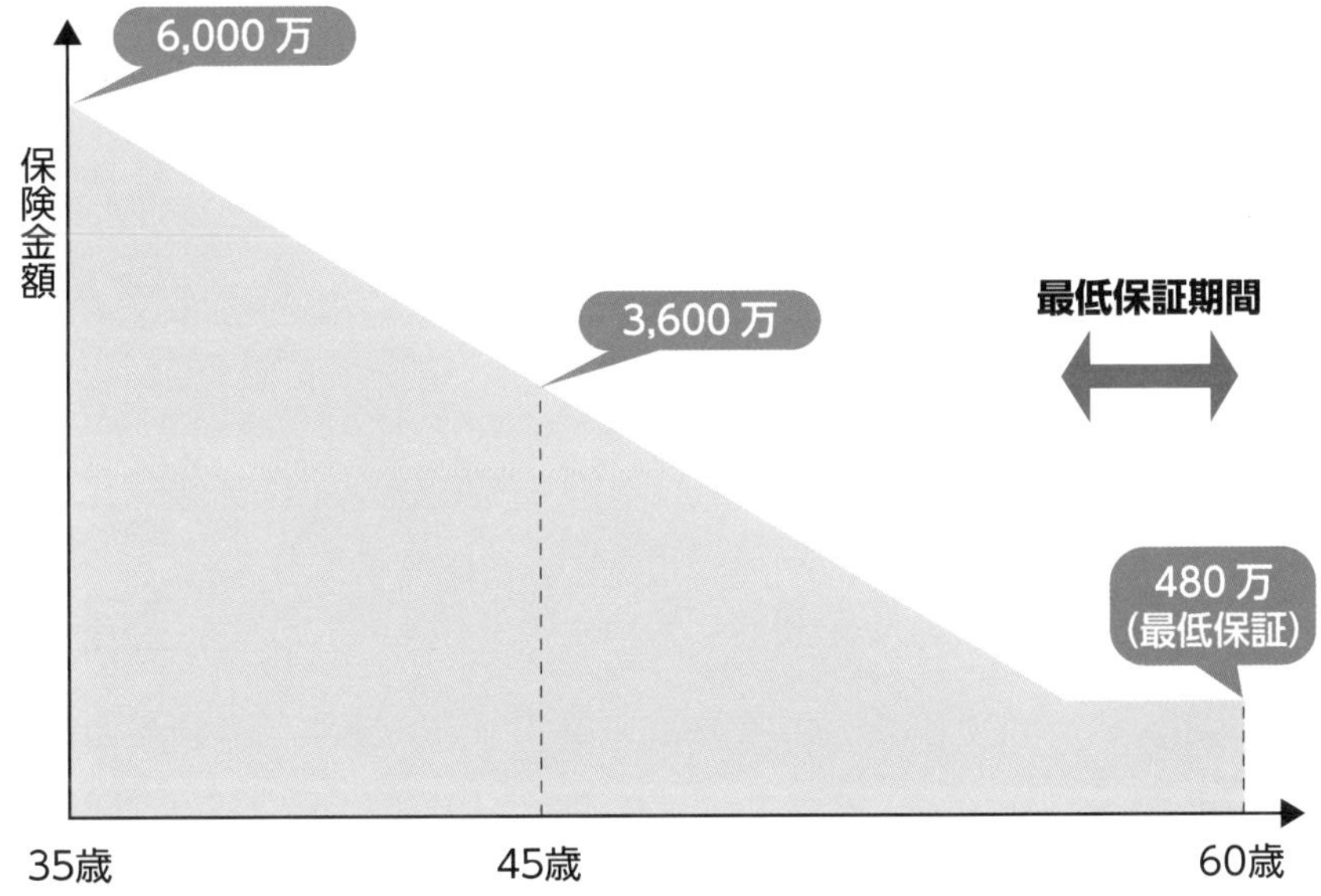

Aさんの例
契約者 (Aさん)：35歳、保険金額：20万／月、保険期間：60歳、
最低保証期間：2年

▶35歳でAさんが死亡した場合
20万円×12ヶ月×25年＝6,000万円

▶10年後、45歳でAさんが死亡した場合
20万円×12ヶ月×15年＝3,600万円

▶最低保証期間、60歳でAさんが死亡した場合
20万円×12ヶ月×2年＝480万円

なく、「払い済み保険」という方法もあることを頭に入れておいてください。

一方、必要な保険の見つけ方ですが、「その保険が無いと遺族や自分自身の生活が困る」というのが基本です。例えば、積立型の保険の場合、ほとんどの商品が死亡保険金を1000万円程度に抑えています。当然、1000万円程度の死亡保障では、まさかの時の遺族の生活を助けるには不十分です。そこで、その分の保険料を収入保障保険に回すのです。そうすれば掛け捨てにはなりますが、同程度の保険料で死亡した場合、自分が60歳になるまで毎月20万円の死亡保障を受け取ることができます（**図表2**）。この20万円が遺族の生活費になるのはもちろんですが、遺族年金の補填にもなるので、費用対効果は確実に上回ります。

医療保険についても、このように考えていけば、自然に必要な保険が見えてくるはずです。例えば、がんになった後に100万円の診断給付金が必要というのであれば、そのままでいいし、別に100万円ぐらいなら貯蓄で問題ないというのなら解約する選択肢もありえます。ただし、医療保険の場合、金銭面だけではとらえられない部分があるので注意が必要です。病気で落ち込んでいる時に、給付金をもらうことで病気の辛さを忘れられる、あるいは少し嬉しくなるといった効果が考えられます。要は、「常に自分自身の価値観を持って取捨選択することが最善の道」ということです。

保険一覧表の作成

無駄な保険を洗い出そう

1人で複数の保険に入っている、あるいは家族でそれぞれが保険に入っている場合は、世帯単位で把握できる保険契約一覧表を作成することをお勧めします（**図表1**）。作成するのは、それほど難しくはありません。エクセルシートに「契約者」「被保険者」「保険会社」「証券番号」「保障内容」「保険料」などを入力するだけでOKです。こうして一覧にすれば、必要な理由をはじめ保険の重複、入りすぎ、不足など、さまざまな視点から確認することができます。

一般に保険は、入社時や結婚時、子供の誕生、マイホームの購入など、人生のイベントごとに加入します。そのため、どうしてもさまざまな保険会社を相手に、複数の担当者から加入しがちです。例えば、医療保険と死亡保険が別会社、あるいは損害保険が別会社といったように、複数の会社の担当者から加入しがちです。そうなると当然、それぞれの担当者は最善の提案をしてくるので、結果的に重複して保険に入ってしまうわけです。損害保険で言えば、個人賠償責任特約に重複して入っているケースが多々見られます。また、35年の長期契約の火災保険に入っているにもかかわらず、もう一つ同じ家屋を対象に火災保険に入っているケースなど、重複して入っているケースは枚挙にいとまがありません。

なぜ重複して保険に入るべきではないのでしょうか。それは、個人賠償保険の場合、賠償金額を超えて支払われることはないからです。つまり、重複して保険に入っても全く意味がないということです。例えばA社とB社から、それぞれ1億円の個人賠償責任特約に入ると2億円まで補償されますが、総額2億円の補償があるわけではありません。もし自転車事故で1億1千万円の賠償事故を起こしても、A社かB社いずれかの1億円しか被害者に支払うことはできないのです。つまり、重複して払っている保険料は全くもって無駄になってしまうのです。個人賠償の保険料は年間2000円以下と少額ですが、無駄を省くという意味で重要なポイントと言えます。

火災保険の支払いは実損填補

火災保険も同じです（**図表2**）。実損額を超えて保険金を受け取ることはできません。例えば、同じ建物を対象に2つの保険に入っていて、水漏れで100万円の損害が発生したとしましょう。この場合、それぞれの保険会社から100万円が支払われるわけではなく、あくまでも100万円を限度に支払われることに注意が必要です。特に2015年9月以前に火災保険に加入した記憶のある方は、必ず確認してください。それまでは35年契約が可能だったため、以前入ったのを忘れてしまい、追加で入ってしまうケースが少なくないからです。もし今、重複して入っている可能性があると思った方は、すぐに保険証券を確認する、あるいは保険会社に電話をして契約の有無を確認することをお勧めします。

一方、生命保険は重複して保険に入っていても、それぞれの保険会社から保険金を満額もらうことができるので、無駄になることはありません。しかし、無駄にならないがために過剰に入っていれば、それが家計に大きなダメージ与える要因になっているかもしれません。実際、生命保険の入りすぎによって家計が破綻したというケースは珍しくないのです。

そうしたリスクを避けるために

図表1 保険一覧表の例

契約形態	No.	被保険者	契約者	保険会社	証券No.	契約日	加入年齢	保険内容 保険種類	保険期間	普通死亡
個人契約	①									
	②									
	③									
	④									
	⑤									
	⑥									
	⑦									
個人合計										
損保	1	自宅火災								
	2	自動車								

災害・傷害	入院	その他	保険料 払方	保険料（月）	年換算保険料	資産	損金	連絡先 電話番号
					0			
					0			
					0			
					0			
					0			
			年間保険料小計		0			
			一括		0			
			年					

図表2 火災保険の補償対象

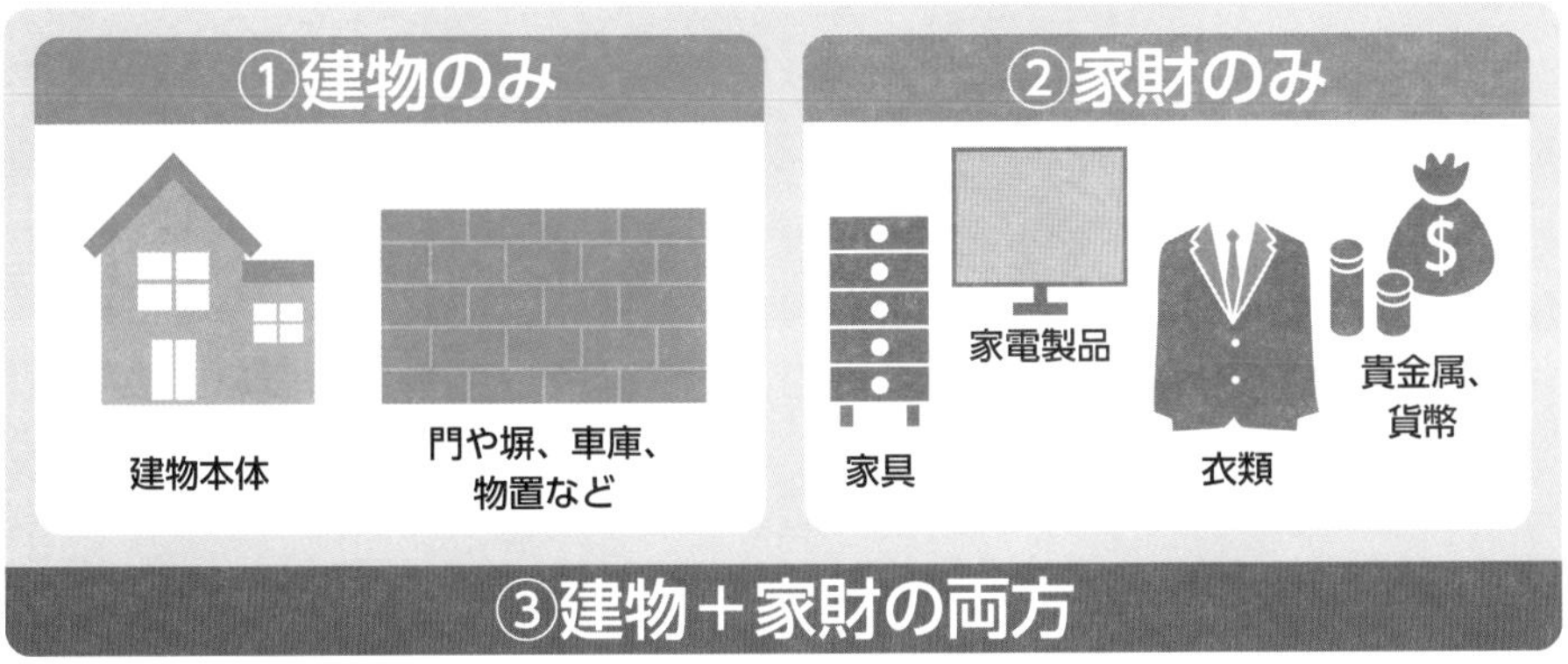

※保険商品によって「建物のみ」「家財のみ」「建物＋家財」の３パターンがある。

も、定期的に生命保険の保険料を確認することをお勧めします。具体的には、「この保険はこのまま入っておいた方が良いか、それとも見直すべきか」を、毎年1回は一覧表をもとに自らチェックしましょう。重要なのは、「自らチェックする」ことです。というのも保険会社や代理店に見直しを相談しても、新たな保険の提案をされるだけで、決して保険料の削減には繋がらないからです。

もし「自分で見直しするのは難しい」ということであれば、FPの有料相談を利用するのも1つの方法です。ただし、FPの中には保険販売をビジネスにしている人もいるので、新たな保険提案をされてしまうリスクがあることに注意が必要です。それでも面談に費用をかければ、それなりに適切なアドバイスを受けられる確率は高まるはずです。

ここからは個人的な見解ですが、「信頼できる保険代理店の人を見つけ、その人に損害保険と生命保険を合わせて任せるのがベターだ」と、私は考えています。理由は、代理店の人にとって生命保険の契約が取れなくても、損害保険の契約で収益を得ることができる。つまり、強引な生命保険の勧誘リスクを避けることができるからです。今や生保・損保の垣根が低くなり、誰もが多種多様な保険商品を販売できる時代なだけに、自分で保険を見直すのは難しいかもしれません。だからこそ「信頼できる保険代理店の担当者」を見つけて、その方に相談するのがベターなのです。

途中解約の手続き方法
（減額・増額、払済保険、延長保険、期間の短縮・延長）

保全手続きを理解しておこう

保険には、解約以外にさまざまな保全手続きがあります。保全とは、既契約者が行う変更手続きのことです。その中でも重要な手続きを、図を使って説明します。ポイントは「満期」「保険金額」「保険料」の3点で、この3つの項目に関する保全手続きを行うことで保険の機能を維持することができます。つまり、こうした保全によって、「一度保険に入ったら、一時的にお金に困っても満期まで続ける、あるいは解約しかない」といった契約者の不安感を和らげているのです。

しかし、多くの人が事前に保全手続きについて理解しているかというと、心もとないのが現状です。少なくとも積立型の生命保険に契約している方、あるいはこれから入ろうとしている方は、こうした保全手続きを理解しておくことをお勧めします。例えば、保険料の支払いが想定通りにいかない、あるいは一時的に苦しくなった時など、状況によってさまざまな手段があることをご理解いただけると思います。

①減額

まずは、減額について解説します（**図表1**）。減額は、満期日は変えずに保険金額を引き下げて、保険料を減少させるのが目的です。ポイントは、保険金額は下がりますが、保険料の支払いを減らすことができることです。つまり、「今の保険料の支払いを減らしたいけれど、保障がゼロになるのは避けたい」という人向きの手法です。

②増額

次は、増額です（**図表2**）。こちらも減額と同様に、満期日は変えずに保険料を引き上げることで、逆に保障額を大きくするのが目的です。この増額のポイントは、「契約者が増額の告知をし、それを保険会社が承諾しないと増額できない」ことです。理由は、生命保険を契約する場合、契約時に告知書を提出することが義務付けられているからです。つまり、減額など保険金額を引き下げる場合は、保険会社の引き受けリスクが上がるわけではないので告知は不要ですが、増額となると「保険会社の引き受けリスクが上がるため、改めて健康状態を告知する必要がある」というわけです。告知をした後、保険会社の審査があり、承諾されれば増額することができます。当然ですが、増額後は保険料が上がることになるので、十分検討したうえで判断するようにしましょう。

③払い済み保険

払い済み保険について説明します（**図表3**）。払い済み保険とは、以後の保険料の支払いをストップし、満期日は変えずに保険金額を下げることで調整する仕組みです。減額との違いは、保険料の支払いが一切なくなることです。

事例を使って説明しましょう。今、Aさんはドル建て終身保険に入っていますが、最近、急激に円安が進み保険料の支払いが厳しくなってきたので解約しようか迷っています。「でも、今解約すると払込保険料よりも解約返戻金の方が少なくなってしまうかもしれない。ここは損を覚悟で解約するべきか、それとも金銭的に苦しいが継続しようか」と悩んでいます。

こういうケースの時、払い済み保険は有効です。解約せずに保険を塩漬けすることで、満期日は変わらず、損を確定することもなく保険を残しておくことができるからです。保障は大きく目減りしま

図表❶ 減額の仕組み

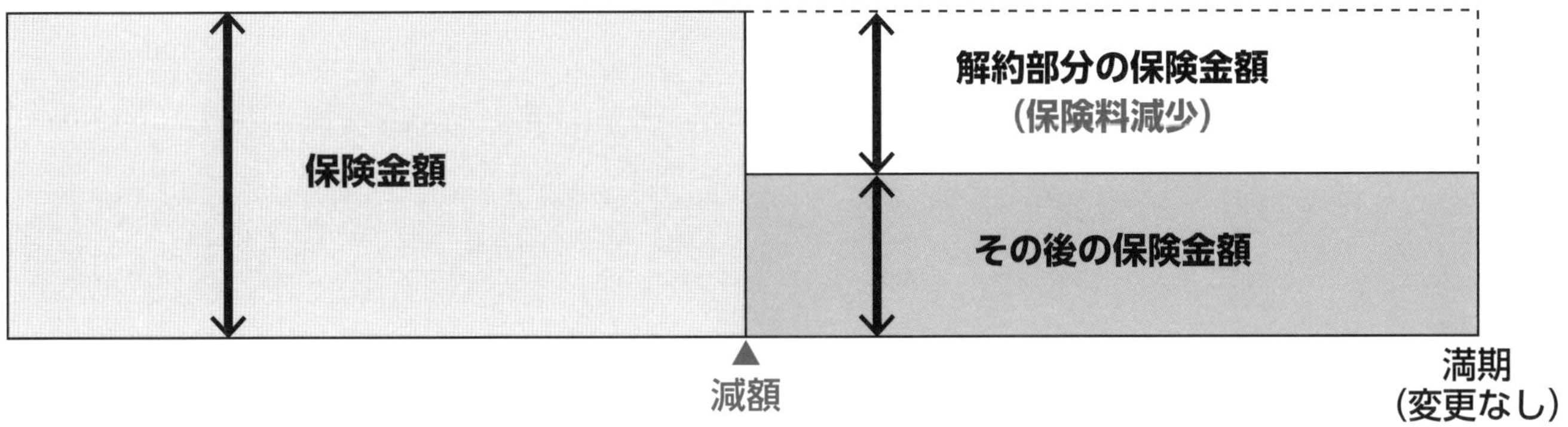

図表❷ 増額の仕組み

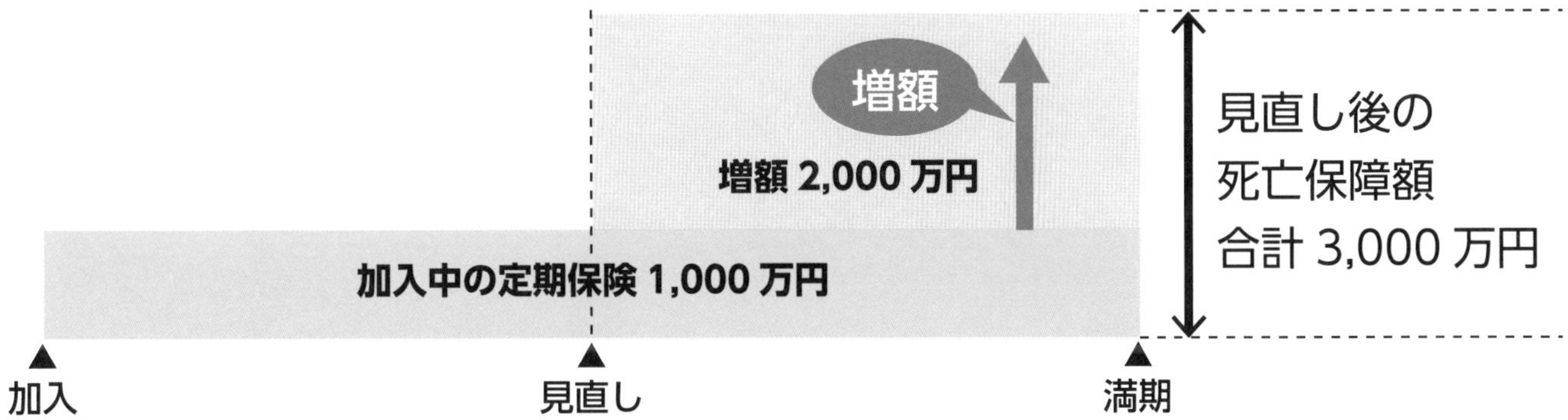

図表❸ 払い済み保険の仕組み

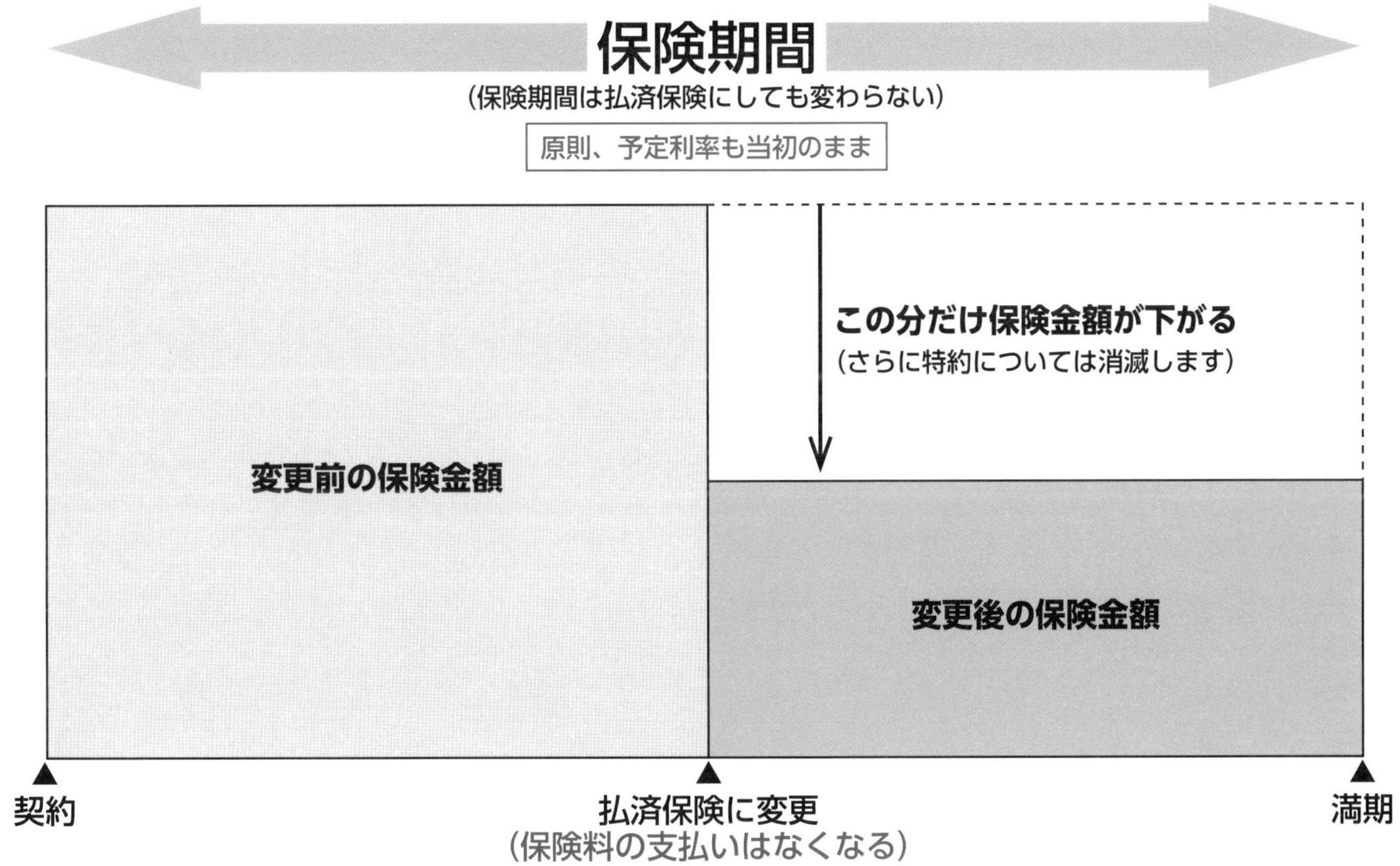

すが、一定の金額を残すことができるので有効な選択肢と言えます。

払い済み保険には、もう1つ大きなメリットがあります。それは、払い済み保険の手続きをした後も、当時契約した利回りによって解約返戻金が増えていくことです。つまり、今解約すると累計の払込保険料よりも解約返戻金の方が少なくなってしまいかねない場合でも、払い済み保険にすることで、時間の経過によって解約返戻金が累計の保険料を上回る可能性が増すということです。状況によっては、意図的に払い済み保険にする方がお得、つまり「払い続けるよりも、払い済み保険にした方がお得」といったケースすらあり得ます。いずれにしても、「保険料の支払いは厳しいが、解約したら損をしてしまうから解約したくない」という方にとっては、ベストな選択肢と言えます。

④延長保険

延長保険は、保険期間を短くすることで保険料の支払いを中止する方法です（**図表4**）。保険料の支払いを続けることはできないが、今ある保障額を引き下げたくはない。その代わりに保障期間を短くするという方法です。あまりケースとして多くありませんが、この方法も知っておくと良いでしょう。

⑤保険期間の変更

最後に保険期間の変更について説明します（**図表5**）。変更には、延長と短縮の2つがあります。この保険期間の変更も非常に使い勝手が良い保全手続きなので知っておくと便利です。例えば、10年の定期保険に加入していたところ、8年目になる直前にがんになってしまったとします。あと2年では保障期間が心配だという時に、「無告知・無審査で契約期間を延長することができる」というのが保険期間の変更です。2年前としたのは、保険会社によっては「期間満了2年前でなければ延長はできない」という契約になっている商品があるからです。この基準については、保険会社によって異なっているので必ず確認してください。

このように期間を延長することで、「そのままならもらえなかった死亡保険を、遺族に残すことができた」といったケースも少なくないのです。さらにきわどいケースもあります。Aさんは期間満了2年前どころでなく、満期直前に期間を伸ばしたいと考え、延長申請をしましたが認められませんでした。そこでどうしたかというと、その保険契約を解約し、変換権を活用して再度保険に無告知・無審査で入り直したのです。変換権とは、所定の期間内であれば、どのような健康状態であっても、終身保険など他の保険種類に変換できる権利のことです。「保障途中に保障内容を変えたいが、健康状態に問題があって切り替えることができない」といった場合に、この変換権は有効です。実際にAさんは、この権利を使うことで保険金を受け取ることができました。

もちろん期間を延長するわけですから、追加年齢分の追徴の保険料が発生します。しかし、それらを加味しても、保険満了の後に亡くなってしまえば、保険金の受け取りができないので十分元は取れます。ただし、期間延長ができない保険会社もあるので、事前に契約している保険会社に確認しておくことをお勧めします。まずは期間の延長ができるケースがあることを認識しておくことが肝要です。

逆の短縮も使い勝手が良いので活用しましょう。例えば、20年定期にしているけど、10年の保障期間でも充分かなと思った時、期間を短縮すれば解約返戻金の一部を受け取ることができます。いずれにしても、期間の短縮、延長をうまく使えばさまざまなメリットを享受できるので、常に自身や家族の状況を把握し、適時適切に見直せるよう準備しておきましょう。

ここまで各種変更手続きについて説明してきましたが、分かりやすいように一覧表にしたので参考にしてください（**図表6**）。どれも保険契約をする際に知っておきたい知識です。特に解約返戻金があるタイプの終身保険に契約している人や定期保険に加入している人は、必ず頭に入れておきましょう。終身保険の場合、払い済み保険が多いようですが、定期保険では期間や保険金額を変更するケースも多々あります。事前に「保険金の減額や増額、払い済み保険など、状況に応じて変更が可能だ」ということを知っているのと、知らないのでは、格段の差があります。

保険は、一度入ったら変更できない商品ではありません。入った後に、さまざまな変更手続きができるのです。こうした変更手続きを知っておき、保険を有効活用することはとても大事なことです。分からないことがあれば、今契約している保険代理店の人や保険会社に問い合わせてみましょう。もし、いい加減な回答しかよこさない、あるいは適切な対応をしてくれないということなら、そことの付き合いはやめた方が良いでしょう。

図表4　延長保険の仕組み

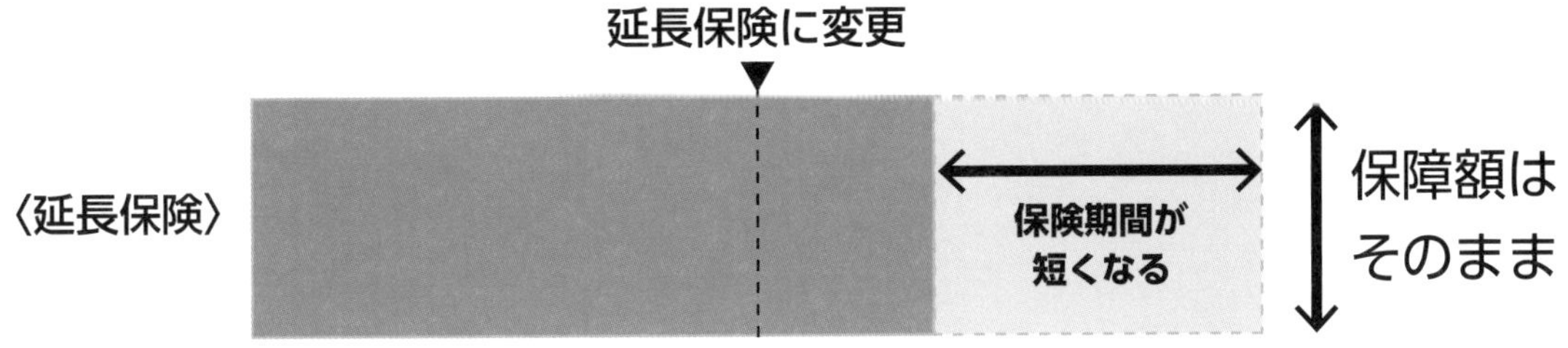

図表5　保険期間の変更の仕組み

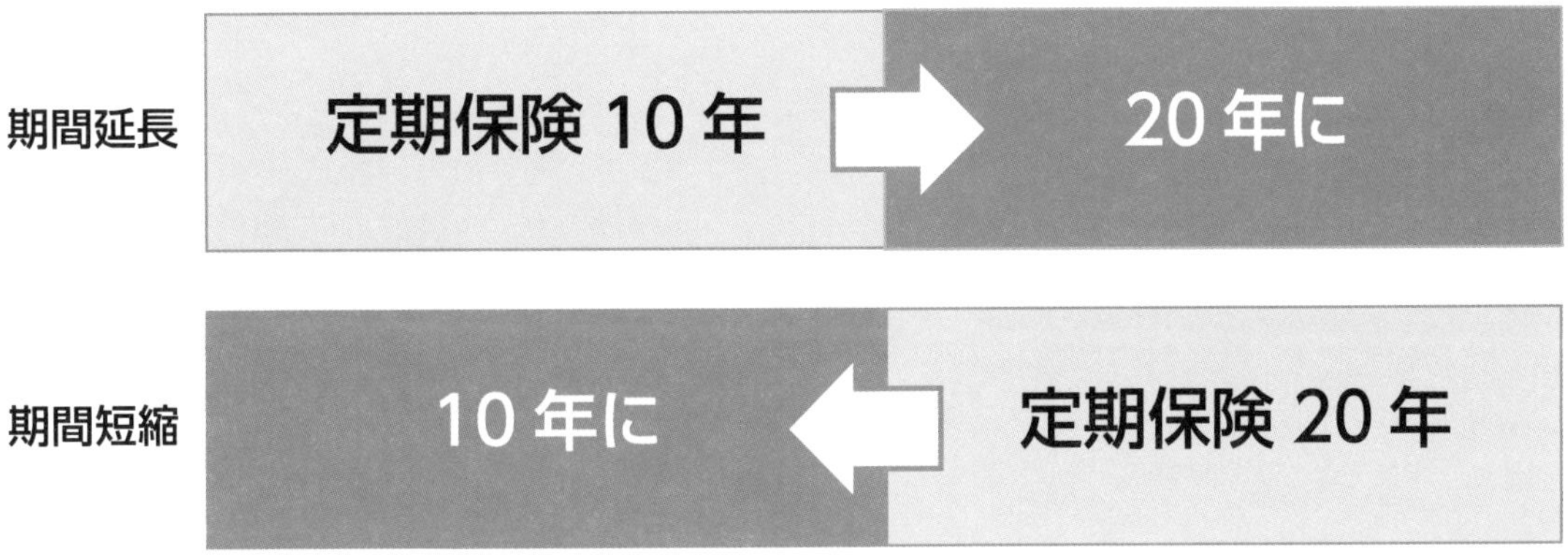

図表6　途中解約の種類と主な内容

カテゴリ	手続き名称	保険料	保険金額	満期
保険金額の変更	減額	下がる	下がる	変わらない
	増額	上がる	上がる	変わらない
保険料ストップ	払済保険	支払いを中止	下がる（特約は消滅）	変わらない
	延長保険	支払いを中止	変更なし	短くなる
期間の変更	期間の短縮	下がる	変更なし	短くなる
	期間の延長	上がる	変更なし	長くなる

※保険会社や保険商品によって、保全手続きができるケースとできないケースあるので、必ず契約している保険会社に確認しましょう。

なぜ投資が必要なの？

公的年金では暮らせない

今、日本はさまざまな要因により物価高に見舞われています。日々の食費、光熱費、ガソリン代など家計費の負担が増え、多くの家庭が苦しい家計状況になっていると思います。こうした時に決まってブームになるのが、「投資をしましょう」という資産運用の話です。正直、インフレに関係なく、これだけ長期間にわたって低金利が続く中で、「普通預金にお金を預けておく意味がない」ことは誰もが実感しているのではないでしょうか。一方で、「投資はリスクがあるし、そもそも投資に関する知識がないので、下手に手を出すとやけどしかねない。それなら増えないけれど、減ることはないので、預貯金のままにしておこう」と、多くの人が考えているのではないでしょうか。

実際、会社員をしていると、平日は仕事をして帰ってきて、ご飯食べて、寝るだけという人も多いでしょう。仕事に忙殺され、投資のことを考えている気力がわかないのも無理ないことだと思います。それなら休日はというと、子どもがいれば子どもと遊んだり、遊園地に連れて行ったりしなければいけません。たまには配偶者とショッピングや外食に出かけることもあると思います。もちろん、独身者も休日は友人や恋人と遊びに行ったりするなど、リフレッシュの時間が必要です。

会社員は、どうしても仕事をしている時間が長く、仕事場の人間関係もあり、ストレスが溜まりがちです。そのためストレス発散に多くの時間を要し、結果的にお金と向き合う時間を作れないのかもしれません。しかし、これからの時代、「老後を公的年金だけで安心して暮らせる可能性はほぼゼロ」と言っても過言ではありません。つまり、これから老後を迎える人にとって、資産を増やすことは仕事をすることと同じくらい大事なのです。

投資に慣れよう

そもそも人は、何のために働いているのでしょうか。おそらく多くの人が、「生活のため、食べていくため」と答えると思います。それでは、なぜ生活するために働かなければいけないのでしょうか。それは、お金を得るためです。突き詰めていくと、人はお金を得るために仕事をしているのです。

そう考えると、人はお金についてもっと真剣に考える時間を持つべきだと思いませんか。汗水たらして稼いだお金をほったらかしにせず、賢く運用すれば労働時間の削減や将来の安心感につながるのです。もちろん「利子を期待せず、着実に預貯金を増やすことで老後の資産を形成する」という考えの人は、それで問題ありません。しかし、今後も大幅な賃金上昇は見込めないし、急激な物価高が家計を直撃する中で、預貯金を増やすためにはかなり大胆な生活費の削減が必要になります。そう考えると、多少のリスクはありますが、「投資」は避けて通れない道ではないでしょうか。

投資を始める上で大事なのは、「人に任せるのではなく、自分で投資の勉強をし、自己責任の下で投資をする」ことです。もちろん専門家になる必要はありません。例えば、図書館で本を借りて、投資の仕組みを勉強するのも１つの方法です。それすら面倒だというのであれば、ＩＦＡに相談するのも良いし、投資に興味がない人なら、インデックスファンドという信託報酬が低く、毎月積み立てしていく投資信託がおススメです。機械的に毎月購入していくだけなので、シンプルで分かりやすいのが特徴です。

さらに最近は投資を始めやすい積立ＮＩＳＡやiDeCoなどの制度もあり、非常に投資を始めやすい環境になっています。まずは、そうした税制面に優遇があるものから始め、リスク資産を持つことに慣れましょう。それができたら徐々に投資金額を増やし、最終的に１年分の生活費以外は全て投資に回せるようなれば、自然にお金は増えていくはずです。

IFA（独立系ファイナンシャル・アドバイザー）

Independent Financial Advisorの略。証券会社や銀行等に属さず、独立・中立的な立場から資産運用のアドバイスを行う専門家のこと。豊富な業界知識と経験をもとに、市場動向の分析・資産配分の方法などに関するアドバイス及び、株や債券、投資信託などの金融商品の説明・販売の仲介を行います。

第3章

損害保険の最新動向と加入・解約方法

この章では、火災保険、地震保険、自動車保険などの損害保険の必要性について解説しています。例えば、火災保険に加入した場合の多種多様な付帯サービス、自賠責保険を一括で支払った場合の割引額、個人賠償責任保険に加入するメリットなど、損害保険に加入していても意外に知らないことが多々あります。保険加入を検討、または見直しする人は参考にしてみてください。

火災保険の加入・解約方法

火災保険の正しい加入手順

まずは、火災保険の正しい加入手順を説明します（**図表1**）。この手順通りに検討していけば、過剰に入りすぎることなく、最も自分のイメージに適した火災保険が見つかるはずです。すでに保険会社から提案されるまま加入してしまった人にとっても、見直す際の参考になると思うので、ぜひ仕組みを理解してください。

ポイントは保険金額の設定で、これをはじめに行うことが最も大事です。もちろん保険会社が異なれば、同じ保険金額でも保険料に差が生じます。それでも、まずは「保険料に大きな影響を与える保険金額をいくらに設定するか決める」ことから始めてください。

火災保険は、賃貸・所有のどちらでも、住居がある以上、必ず入る必要があります。持ち家の人の場合は、大事な住まいを火事のリスクから守る保険なのできちんと検討してから入られる方が多いようです。一方、賃貸の場合は不動産の賃貸契約時に火災保険の契約を行い、ただ更新を繰り返すだけ。特に中身を確認することもなく、惰性で契約を更新している人が多いようです。しかし、賃貸契約時に不動産屋から案内を受ける火災保険の場合、そのほとんどが少額短期保険会社の保険です。つまり、保険料が割高で、かつ補償は少ない商品設定になっていることがほとんどなので、一度確認することをお勧めします。例えば、損害保険会社の火災保険に加入すれば、地震保険の付帯もできるのでより安心・安全に暮らせます（**図表2**）。

少額短期保険と損害保険の違い

少額短期保険と損害保険の違いをまとめたのが**図表3**です。損害保険は、仮に保険会社が倒産しても、契約者が個人、小規模法人（社員20名以下）またはマンション管理組合の場合に限り、保険金の8割までが補償されます。

一方、少額短期保険会社には、そうした保証がないので、万一の時に保険金を受け取れないリスクがあります。また、保険金額の上限が1000万円なので、その金額を超えて補償を受けることはできません。こうしたことを勘案すると、「火災保険は損害保険会社から入った方が安心」と言えそうです。

ただし、賃貸契約にあたり、指定の火災保険が契約の条件になっている場合があるので、事前に確認してください。その場合でも、一旦指定の火災保険の契約をし、そのあとでクーリングオフをすれば問題はありません。自分で保険会社、あるいは保険代理店に連絡して再契約をするなどの手間がかかりますが、住まいの火災保険、地震保険はずっと必要なものなので、手間を惜しまずに対応することをお勧めします。

持ち家の火災保険も注意

持ち家の人の火災保険は保険の対象に建物が追加されるため、当然、賃貸よりも保険料は高くなります。ただ、契約時にどれだけ高いか確認しているかというと、おそらくほとんどの人が確認していないと思います。

確かに住宅購入時は、住宅ローンや売買契約などさまざまな手続きを行わなければいけないので、そこまで確認できないかもしれません。しかし、少なくとも補償内容をしっかりと確認することと、どの程度の幅で保険金額を選択できるのかくらいは契約時に確認するべきです。保険の対象が建物であっても、保険会社にもよりますが、評価額のプラスマイナス30％

図表1 火災保険の正しい加入手順

	検討事項	ポイント
1	保険金額※の設定	この説明がないケースが多くみられます。
	①火災保険金額の設定	保険会社にもよりますが、おおよそ評価額（保険会社によって定めたもの）の±30%
	②地震保険の有無	入る場合は保険金額を設定(火災保険金額の30%～50%)
2	その他	
	③補償内容	水災の有無を確認
	④自己負担額	0円が多い
	⑥支払方法の選択	口座振替、払込票払、カード決済など

※保険金額とは、補償の上限額のこと。

図表2 火災保険と地震保険の対象範囲

	保険の種類	建物	家財
賃貸	火災	×	○
	地震	×	○
所有	火災	○	○
	地震	○	○

図表3 少額短期保険と損害保険の主な相違点

カテゴリ	少額短期保険	損害保険
参入規制	財務局による登録制	金融庁による免許制
最低資本金	1,000万円	10億円
契約者保護	保険契約者保護機構の対象外	保険契約者保護機構の対象
保険金額の上限	1,000万円	特になし

以内であれば自由に選択できます。ただし、そうした情報を売り手側が提案することはほぼないので、多くの人が提案通りに契約しているということだと思います。

しかし、持ち家の場合も賃貸と同様に、「銀行や不動産会社から提案されたプランで火災保険に入らなければいけない」というルールはないので、ご自身が納得した補償内容と保険料で契約することは十分可能です。ただし、それには事前に補償内容などをしっかり理解しておく必要があります。特に火災保険の場合は、補償の限度額（保険金額）をいくらにするかで、保険料が大きく変わってくるので、保険金額や保障内容について、事前に頭に入れておくことが極めて重要です。

そもそも金融機関や不動産業者は営利企業ですから当然、最終的な目標は会社の利益を出すことです。そう考えると、たとえ親身になって相談に乗ってくれていると思えても、どこかで売り上げに結びつけようと考えているかもしれません。自分の身は、自分で守らなければいけないのです。だからこそ本を読んで理論武装をすることが、金融商品の契約には極めて有効なのです。

火災保険の解約

火災保険の解約は非常に簡単です。契約している保険会社または保険代理店に連絡をすると解約請求書が送られてくるので、それに必要事項を記入して返送すれば解約できます。なお解約日は、契約応当日にするのが一般的です。契約応当日とは、例えば補償開始日が1月15日であれば、毎月15日が契約応当日になります。

火災保険の場合、月割りで解約返戻金を計算する商品が主流なので、このケースでは解約月の15日までに解約する方がお得です。16日以降だと翌月解約となり、1カ月分解約返戻金が少なくなってしまうので注意してください。

また、長期契約で保険料を一括払いした後、引っ越しや売却などで家を手放す場合は、基本的に解約しなくてはいけません。「そうなると損してしまうのでは？」と思われるかもしれませんが、経過期間に応じた所定の解約返戻金があるので大丈夫です。もともと一括払いで割引になっているので、毎年支払うよりも割安ですし、経過期間に応じて所定の解約返戻金ももらえるわけですから、解約時のリスクは低いと言えます。

火災保険の知っておきたい付帯サービス

多種多様な付帯サービス

あまり知られていませんが、火災保険にはさまざまな付帯サービスがあることをご存知でしょうか。特に損害保険会社経由で火災保険に入ると、極めて充実した付帯サービスを受けることができます。以下、その内容について説明します。

なお、保険会社によってサービスは異なるので、必ず契約している商品にどのような付帯サービスがあるか、ご自身で確認してください。ここでは、大手日系の損害保険会社を例に説明していきます。

①水まわりの応急処置

居住建物内の水まわりトラブル（トイレのつまり、台所・浴室・洗面所等のパイプのつまり、蛇口・排水パイプからの水漏れ等）が発生した場合、専門会社による応急処置を特に回数の制限なく無料で利用できます。

※出張料及び応急処置の作業料は無料ですが、部品代、高圧洗浄・掘削作業等の特殊作業に関する費用、本修理費用は自己負担となります。

※水漏れで生じた汚れを洗浄するハウスクリーニング会社を無料で紹介してくれます。ただし、ハウスクリーニングの費用は自己負担となります。

②カギのトラブル応急サービス

カギを紛失したり、盗難に遭った場合、専門会社に緊急開錠・破錠等を行ってもらえます。盗難の場合は、カギとシリンダー錠の交換も無料です。どちらも特に回数の制限なく無料で利用できます。

※出張及び応急処置の作業料は無料ですが、カギを紛失した場合のカギと錠に関する費用は自己負担となります。

③健康・医療相談サービス

突然の病気やケガなど緊急時の対処方法、休日や深夜の病院・診療所などの紹介、健康相談、転院や患者移送の手配代行など、さまざまな悩みに無料で電話相談に応じてくれます。主なサービスは、以下の通りです。

◆緊急医療相談

突然の病気や思わぬケガなど、急なトラブルに見舞われた場合、常駐する救急専門医や現場経験豊富な看護師が24時間３６５日、無料で電話相談に応じてくれます。さらに電話での聞き取りを通して素早く状態を把握することで、個々の状況に応じたきめ細かなアドバイスを提供してくれます。

例：発熱・頭痛・腹痛・痙攣・嘔吐などの身体の異変、ケガ・やけどなどの外傷、薬の飲みすぎ・泥酔などの中毒症、日射病・熱中症・異物の飲み込みなど

◆医療機関案内

旅先や出張先でのケガや病気、休日や深夜の突然のトラブルをはじめ、がん治療のためのセカンドオピニオンなど、さまざまな場面で最適な医療機関を無料で紹介してくれます。ほかにも土地勘のないところにいる場合など、スムー

ズな移動が困難な時に迷わず素早く到着できるように道順を案内してくれるサービスもあります。

◆医師による医療相談

「最近気になる症状がある」「病院で受診したほうがいいか」など、健康に関する相談に、常駐する医師と現場経験豊富な看護婦が24時間365日、無料で電話相談に応じてくれます。身体のトラブル、健康診断結果に対する不安、現在治療中の病気に対する不安など、個々の状況に応じた適切なアドバイスを提供してくれます。

◆がん専用相談

がんの場合、肺や乳腺、消化器など、臓器によって治療法が異なるので、患部ごとに専門医が対応してくれます。具体的には、大学病院の教授、准教授クラスを中心に経験豊富な医師とメディカルソーシャルワーカー、看護師が専門的なアドバイスだけでなく、がんに関する一般的な悩みや緊急を要する相談、特殊な検査を実施している医療機関の紹介など、さまざまな質問に無料で相談に応じてくれます。

また、がんと闘うには患者はもちろんですが、家族にも金銭面だけでなく精神的な負担がかかります。そうした家族の心のケアを、心療内科の医師が無料で行ってくれます。

ほかにもがんに関する公的医療制度や闘病生活上の悩み、在宅医療の選択など、さまざまな質問にメディカルソーシャルワーカーが無料で相談に応じてくれます。

④住宅相談サービス

すまいの維持管理やリフォームなど、すまいに関するさまざまな相談に、無料で電話相談に応じてくれます。

⑤法律相談サービス

不動産購入時のトラブルなど、日常生活における法的な問題について、弁護士が無料で電話相談に応じてくれます。

※正式に委託する場合の費用は、自己負担です。
※既に弁護士に依頼している案件、訴訟案件等の対象外です。

⑥税務相談サービス

住宅ローン減税など、さまざまな税務の相談に、税理士が無料で電話相談に応じ、適切なアドバイスをしてくれます。

※正式に委託する場合の費用は、自己負担となります。

このほかにも介護やメンタルヘルス関係など、多種多様な付帯サービスが用意されています。ただし、前述した通り保険会社によって内容が異なることに注意が必要です。まずは加入している保険会社はもちろん、競合他社も含めて、各保険会社のサイトやパンフレットで確認してみましょう。

賃貸物件の場合も見直しを

賃貸物件の場合は、ほとんどが不動産会社から火災保険の案内を受け、自動的に加入手続きをさせられてしまうケースがほとんどです。つまり、必然的に少額短期保険会社の保険に入るため、こうした付帯サービスを受けることはできません。しかし、30ページで説明した通り、契約で規定されていない限り、保険会社の変更は可能なので、大手損害保険会社に変更した方が安心かもしれません。今はまだ付帯サービスが充実していることを理由に、火災保険に入る人は少ないと思いますが、住宅にはさまざまなトラブルがつきものなので、多様なサービスが用意されている保険は安心かつ魅力的です。

例えば、「カギや水まわりのトラブルを経験したことがある」という人も多いのではないでしょうか。このうち水まわりのトラブルの際、冷蔵庫に貼ってあるマグネット式の広告『カギや水まわりの応急処置はすぐお電話を！』を見て電話をかけ、結果的に「出張料」という名目で数万円を請求されてしまった」人も少なくないと思います。こうしたリスクも火災保険の付帯サービスを使えば、少なくとも出張料と応急処置費用は無料なので、かなり軽減できます。もちろん火災保険の補償内容の方が大事ですが、こうした付帯サービスがあることを知っておくことも、安心して住宅に住むためには必要です。

地震保険の必要性

地震の頻度は少ないが、発生すると損害額が大きい

地震大国と言われる日本では、世界で発生しているマグニチュード6以上の地震の約2割が日本周辺で発生していると言われています。毎年、大きな地震があり、心配になる人も多いでしょう。地震のリスクは、リスクファイナンシングの観点からいうと、リスクの保有ではなく、リスクの移転をすべきと言われています。というのも、地震はリスクマップ（**図表1**）で考えると、頻度は少なく、損害額が大きいところに分類されるからです。

地震保険の加入率の低さには理由がある

それでは、そもそも地震保険の加入率はどの程度なのでしょうか。**図表2**を参照ください。全国平均の世帯加入率は33・9%となっています。まだ、約7割は未加入ということになるため、地震に対するリスクの意識は低いと言えます。それでは、なぜ生命保険に比べるとこれだけ地震が多い国なのに、加入率が低いのでしょうか。

地震保険の加入率の低さは、保険会社側にも問題があります。地震保険は保険会社側に入る手数料が少ない商品のため、販売の現場では積極的に推進をしていないというのが実態だからです。なぜ、販売手数料が低いのかというと、地震保険は国との共同保険で運営しており、営利目的として販売をしていないからです。地震保険は単体では加入できず、火災保険とセットにしなければならないのは、地震保険だけ入られては保険会社としての経営が成り立たないからです。地震保険は公共性の高い保険であり、地震の被害者のための保険で、確かに保険料は火災保険に比べると高いのですが、できるだけ入るべき保険です。支払った保険料の多くは、地震保険で被害を受けた人に充てられている保険で、決して保険販売人や保険会社の利益になる保険ではないのです。

地震保険って必要なの？

賃貸住宅に住んでいる人は、地震保険が不要という意見もありますが、筆者は必要な保険だと考えています。なぜなら、賃貸でも家にある家財が地震で損傷を受けることがあるからです。家財は安い物しかないからと思っている人も多いですが、たとえば、地震による火災で家にあるすべての家財が燃えてしまうリスクだってあるのです。多くの人が知らないのですが、実は地震が原因の火災では火災保険は補償されないのです。火災の原因が地震の場合には地震保険の対象になるのです。何が原因での事故なのかという点は、火災保険、地震保険の請求にあたりとても大事なことです。保険会社に保険金の請求をする際には、原因をセットで必ず説明しましょう。

図表1 リスクマップ

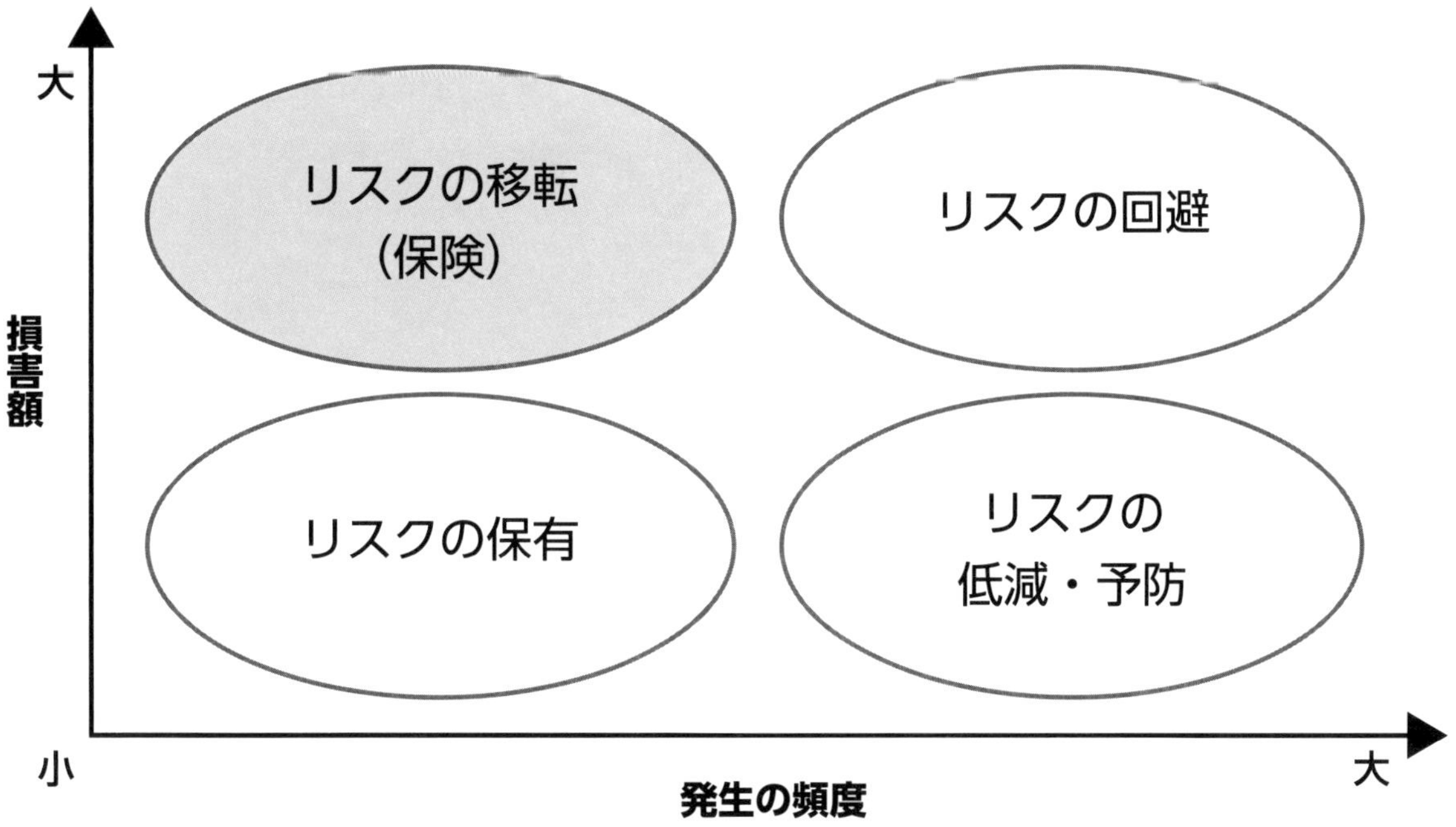

図表2 地震保険の加入率

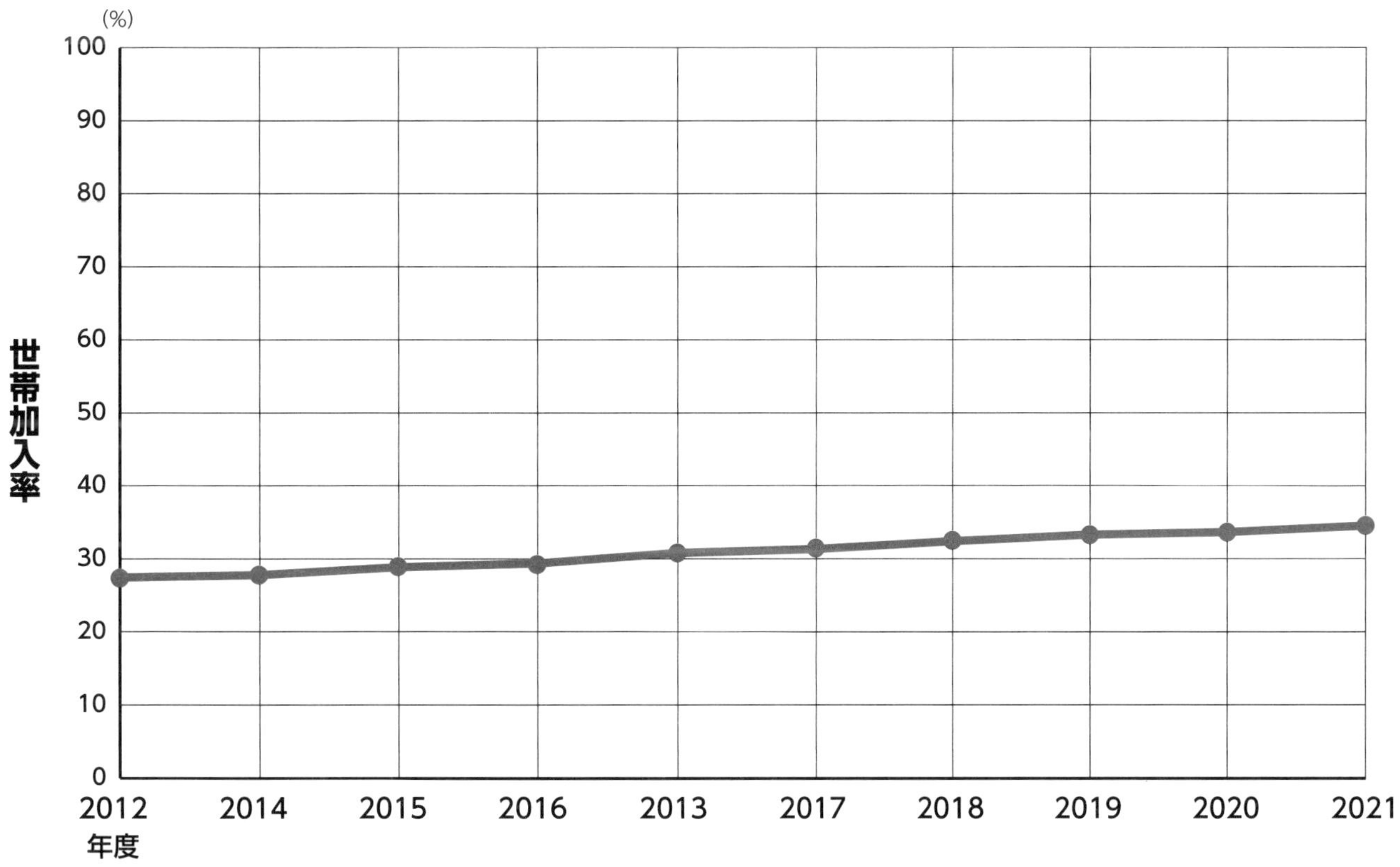

出典：地震保険統計速報（損害保険料率算出機構）

自動車保険に加入する時はどれがよいの?

自動車保険はダイレクト型と代理店型、どちらがお得?

自動車保険は大きく分けると、ダイレクト型と代理店型に分けることができます。それぞれメリット、デメリットがあります、図表にまとめてみましたので参考にしてください。保険料はとにかく安い方がよい、事故が起きても自分で事故対応できるし、事故を起こさないという自信がある人はダイレクト型自動車保険に契約すればよいでしょう。代理店を挟まない分、確実に保険料は安いです。

ダイレクト型自動車保険の次に保険料が安いのは、大企業などにある団体の自動車保険になります。大企業では通常の自動車保険料から団体割引があるため、さらに保険料が安くなります。勤務している企業の団体割引率によって異なりますが、ダイレクト型よりは高いケースが多いです。それでも通常の代理店型の保険料よりは確実に安くなります。ただし、注意が必要なことは事故対応は基本的に自分で行わなければならない点です。仕事で車に乗らない会社員の人が車に乗る時は、平日の終業後または土日になるかと思います。その日は契約している代理店も大企業の子会社の代理店であるため休日です。そのため、自分で保険会社に電話をして事故対応する必要があるので、ダイレクト型とほとんど同じイメージを持つとよいでしょう。

代理店型自動車保険のなかで、大企業の団体保険以外には、自動車ディーラーや中古車販売店経由で入る人も多いでしょう。自動車を購入した際に一緒に保険も入る流れです。保険料は団体割引などが無いため安くはないのですが、ディーラーでは少額の損害を無償で修理してくれるなどの特別のサービスを行っているケースもあるので、お得になることもあります。ただし、事故対応についてはは保険会社の間に入って対応をしてくれるサービスは無いため、そのあたりは不十分でしょう。また、保険に詳しい担当も少ないケースが多く、保険内容の細かい点について質問をしても回答に時間がかかることもあるため、しっかりと内容の説明をしてほしい人には向かないでしょう。

保険専業のプロ代理店から入る方法もある

シェアとしては一番少ないのですが、保険専業のプロ代理店から入る方法もあります。なかなかプロ代理店と接点を持つ機会が少ない人も多いかと思いますが、あまり知られていないメリットが多くあります。保険料は当然、ダイレクト型よりも高くはなりますが、それなりのサービスを求める人には非常にメリットがあります。まずは、事故対応の部分です。事故対応は保険会社の間に入って親身に対応をしてくれる強みがあります。そもそも、ここをしっかりやらないとプロ代理店から入る意味はないので、いつでも電話をすれば、すぐに対応してくれる人が多いです。そして、提携している自動車の修理工場を持っているケースも多いため、自動車修理の際には代車を無償で出してくれるといったサービスも行っています。そういう面はメリットがあるので有効に活用しましょう。

自動車保険を加入する時はどれがよいの?

まとめると、自動車保険の契約を選択するうえで保険料を一番に考えると、ダイレクト型自動車保険がベストです。インターネットを使って自分で契約をするので、保険料が格安です。手厚いサービ

図表 自動車保険を契約する時の比較表

	ダイレクト型自動車保険	代理店型自動車保険 団体保険	代理店型自動車保険 自動車ディーラー	代理店型自動車保険 保険専業のプロ代理店
保険料	安い	団体割引で保険に入れる。一定規模の企業でないと、団体がそもそもない	おおむねダイレクト型よりも２割ほど高い	おおむねダイレクト型よりも２割ほど高い
事故対応	保険会社と直接契約者が行う	基本的に大企業の子会社の保険代理店が対応するので、土日や終業時間後の対応はしてくれません。ある程度自分で対応する覚悟が必要	自動車ディーラーの専業は自動車を販売することです。そのため多くの場合、直接事故対応はしてくれない	保険会社と契約者の間に代理店が入り、契約者が有利になるように代理店が交渉する

車を買うんだけど、いろんな会社があってどこの自動車保険にするか悩むんだよね？

Aさん

ダイレクト型、自動車ディーラー、保険専業の代理店など色々あります。保険料重視か、事故対応重視かでどこの自動車保険にするか検討するとよいでしょう。

ＦＰ

保険料が安い方がよいから
ダイレクト型自動車保険にしようかな。

Aさん

スを考えるならプロ代理店がおすすめです。保険専業で仕事をしているので、知識が豊富だからです。事故が起きた時には、事故対応の経験をフルに活用し、契約者の事故の解決に尽力してくれることでしょう。それぞれのメリット、デメリットがあるので、自分の希望に合った保険代理店を選びましょう。

自動車事故を防ぐ大事な方法

自動ブレーキなどの普及で近年自動車事故は減少

最近は、自動ブレーキなどの先進安全技術が普及したこともあり、自動車事故が減っています。2021年中の交通事故の件数は、警察庁の統計表によると、30万5196件で、2020年よりも3982件も少なくなっています（**図表1**）。また、安全運転でお得になる自動車保険が発売されたことも要因の1つと言えます。

ただし、警察に届け出をしないような事故も多くあります。いわゆる単独事故です。対人、対物の事故が無ければ、特に警察に通報する必要もないので、こういう事故はカウントされていないでしょう。今回は、少し保険とは離れますが、筆者は保険の代理店がメインの仕事となるため日々自動車事故の受け付けもしており、そうした経験からわかる「事故から考える事故を起こさない運転」について説明します。

交通事故を防ぐ4つのポイント

①法定速度を守ること

運転をしていると、スピードを出している車がいかに多いことかわかります。一般道の法定速度は60km／hですが、このスピードを実際には超過している人も多いでしょう。特に首都高でのスピードの出し過ぎには気を付けてください。首都高は、場所によって最高速度が異なります。**図表2**を参考にしてください。濃い赤（主に中央環状線〔C2〕）は60km／h、薄い赤（主に都心環状線〔C1〕）は50km／hですので、一般道と同じ感覚で運転する必要があります。なお、図表2は印刷の都合上不鮮明な箇所がございます。詳しくは「首都高ドライバーズサイト」をご覧ください。人間の反射神経は時速15km／hを超えると、車を止めようと判断してから実際に車を止めるまでの停止距離が伸びていきます。

②駐車場内の運転は特に注意

自動車事故は、身近なところで多く発生しています。特に駐車場内での事故が多発しています。人身事故は少ないですが、物損事故は多く起きています。駐車場内が狭い、見通しが悪いといったケースも多いので、特に気を付けて運転したほうがよいでしょう。

③可能な限り、運転の頻度を少なくすること

運転の頻度が多ければ、それだけ事故の確率が増えるのは当然のことでしょう。電車で移動できるのであれば、そのほうが事故になる確率は下がります。例えば、前日寝不足だったり、疲れがたまっていたり、体調が悪いなど、何か体に異変を感じるときは無理せずに公共交通機関を利用したほうが安全でしょう。

④はじめて運転する道は特に注意

運転しなれた道も油断してしまうので、危ないこともありますが、やはりはじめての道は特に注意が必要です。道がわからないとナビを見てしまい、前方確認がおろそかになったりします。スピードを抑えて、ゆっくり運転することを心がけましょう。

こうした運転の基本的な行動は忘れがちです。常に事故は身近にあるという意識を持てばかなり変わってきます。筆者は仕事柄、自動車事故の連絡を受けるため、事故が日常的にあることを知っています。今回ご紹介した以外にも事故を防ぐ方法はたくさんあります。まずは法定速度を守ること、スピードを出し過ぎないことを守るだけで、自分から起こす事故のリスクは大きく削減できるでしょう。

図表1　交通事故の推移（2017～2021年）

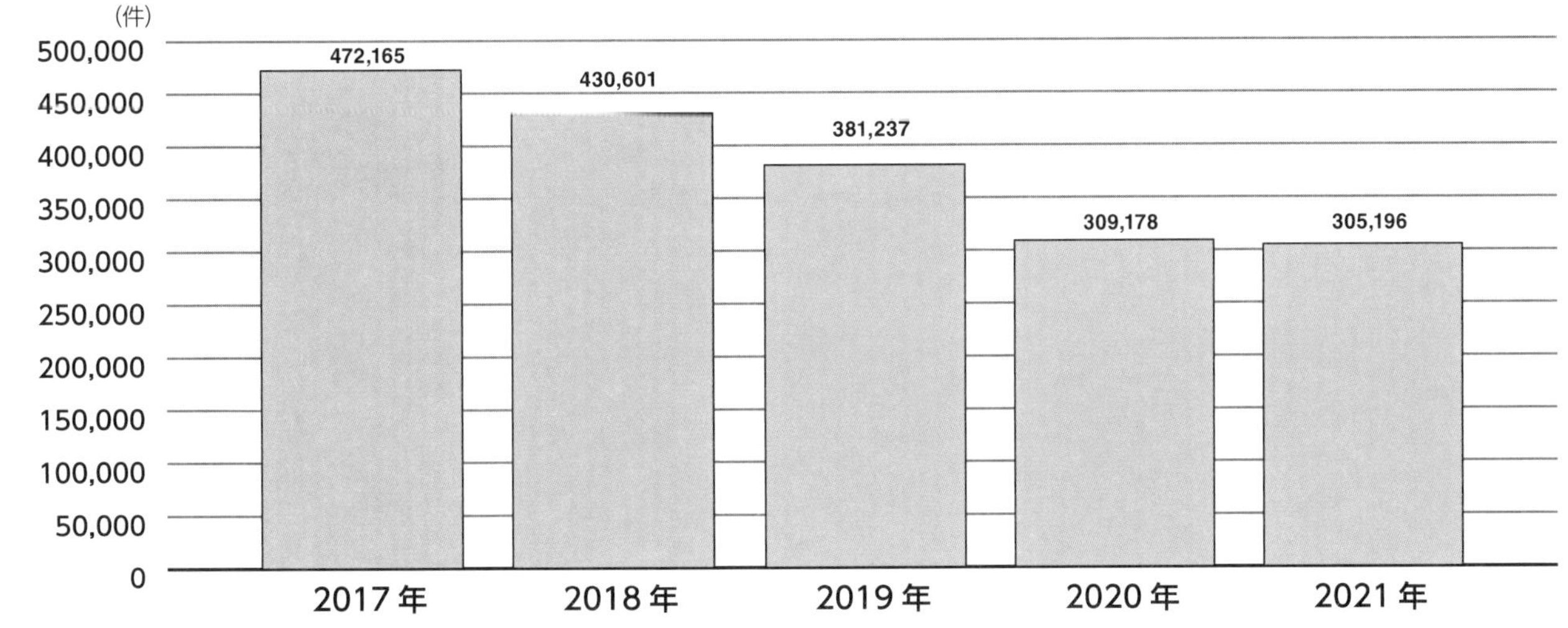

出典：警察庁公表資料を基に作成

図表2　首都高速道路速度規制図

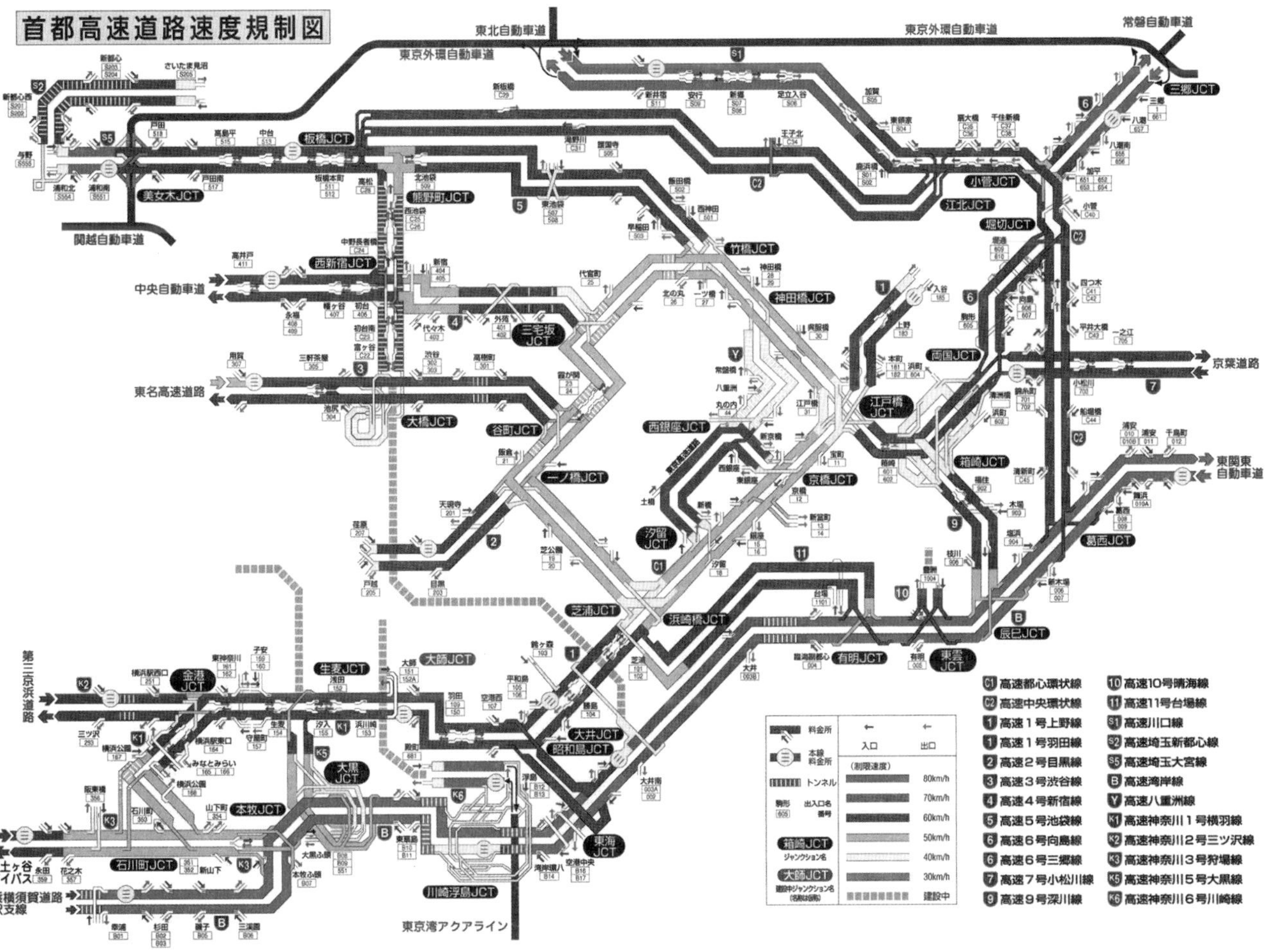

出典：首都高ドライバーズサイト

自賠責保険の知って得するポイント

自賠責保険ってなに?

自賠責保険とは、バイクや自動車を所有する際に、必ず入らなければならない強制保険のことです。仮に自賠責保険に入らずに、バイクや車を運転している時に警察に捕まった場合、「刑事処分:50万円以下の罰金または1年以下の懲役、行政処分:違反点数６点、免停30日間」の罰則があるため、必ず入らなければ運転をしてはいけません。まれに自賠責保険に入るのを忘れ、任意の自動車保険のみに加入している人がいますが、その人が人身事故を起こした場合、自賠責保険で補償される傷害による損害（最高１２０万円）を超えた金額からしか補償されないので注意しましょう。あくまでも任意保険の対人賠償の補償は、自賠責保険での補償額を超えた金額から補償されるということを知っておきましょう。

自賠責保険だけでは不十分、任意の自動車保険にも入ろう!

自賠責保険の補償内容は、対人賠償に限定しており、相手を死亡させてしまった場合の限度額が３０００万円、後遺障害でも最大４０００万円と限度がある保険です（**図表1**）。そのため、自賠責保険を超える賠償事故を起こしてしまった場合に、超過部分については全額自己負担になるリスクがあるため、任意の自動車保険が必要になるのです。

また、自賠責保険には対物賠償保険が無いため、たとえば、自動車事故を起こした場合や外壁を損傷させてしまったなどのケースでは支払いができません。任意の自動車保険を少しでも安く済ませたい人は、対人および対物に無制限で入っておくだけでも事故で多額の賠償金を支払うリスクがなくなるので安心でしょう。

自賠責保険は数年まとめて払うとお得!

自賠責保険は契約期間によって、保険料が大きく変わります。たとえば、自家用乗用自動車の保険料を例にすると、12カ月では１２７００円ですが、36カ月では２７１８０円です。

通常であれば、36カ月の保険料は１２７００円×３＝３８１００円となるはずですが、その金額よりも、▲１０９２０円（割引率約28%）も安くなるのです。満期前に解約すれば、未経過分の保険料が返ってくると考えると、なるべく長期のほうがお得です。車検期間に合わせて契約する人も多いですが、なるべく長い期間を契約するほうが安くなるというのは知っておいたほうがよいでしょう。

また、原付の保険料は、12カ月の保険料は７０７０円ですが60カ月の保険料が１３９８０円です。しかも、仮に60カ月の契約をして、3年経過後（残り2年）に解約しても３３９０円の保険料が返ってくるのです。原付の場合は車検もないので、購入したら60カ月で加入したほうがよいのです。確かに額は大きくない話ですが、お金というのは、日々のこうした意思決定の積み重ねで、残るお金が長期で見ると大きく変わってくるのです。

車検がないバイクの満期管理は重要!

自賠責保険は、全保険会社で一律の保険料になっているため、どこで入っても同じ保険料です。どこから加入しても保険料は同じということを考えると、自動車の購入時に販売店から入るのが一般的でしょう。なお、自分で自賠責保険に入る人は入り忘れることが無いように気を付けましょう。

図表1 自賠責保険料一覧

自賠責保険（本土用）（令和3年4月1日以降保険式の契約に適用）

（単位：円）

車種 ＼ 保険期間			37カ月	36カ月	25カ月	24カ月	13カ月	12カ月
自家用乗用自動車			27,770	27,180	20,610	20,010	13,310	12,700
軽自動車（検査対象）			27,330	26,760	20,310	19,730	13,150	12,550
小型貨物自動車	営業用				31,870	30,840	19,220	18,160
	自家用				23,870	23,150	15,020	14,280
普通貨物自動車	営業用	最大積載量が2トンを超えるもの			52,930	51,070	30,270	28,380
		最大積載量が2トン以下のもの			36,860	35,630	21,840	20,580
	自家用	最大積載量が2トンを超えるもの			37,980	36,710	22,430	21,130
		最大積載量が2トン以下のもの			33,840	32,730	20,250	19,120
大型、小型特殊自動車					9,290	9,130	7,360	7,200
特種用途自動車（三輪以上）					23,140	22,450	14,640	13,930
小型二輪自動車（250cc超）			11,390	11,230	9,440	9,270	7,440	7,270

※ 25カ月・24カ月は、車両総重量8トン未満の初回車検のみ適用

車種 ＼ 保険期間	60カ月	48カ月	36カ月	24カ月	12カ月
軽二輪（125cc～250cc以下）	16,220	14,110	11,960	9,770	7,540
原付（125cc以下）	13,980	12,300	10,590	8,850	7,070

図表2 自賠責保険の損害の範囲と支払限度額

	損害の範囲	支払限度額（被害者1名あたり）
傷害による損害	治療関係費、文書料、休業損害、慰謝料	最高120万円
後遺障害による損害	逸失利益、慰謝料等	神経系統・精神・胸腹部臓器に著しい損害を残して介護が必要な場合 常時介護のとき：最高4,000万円 随時介護のとき：最高3,000万円 後遺障害の程度により 第1級：最高3,000万円～第14級：最高75万円
死亡による損害	葬祭料、逸失利益、慰謝料（本人および遺族）	最高3,000万円
死亡するまでの傷害による損害	（傷害による損害の場合と同じ）	最高120万円

保険は満期管理がとても重要です。加入した際に車検があれば忘れずに更新ができますが、原付など車検が無いバイクの場合には完全に自分で満期管理をしなければなりません。ひと度満期を失念してしまえば、厳しい罰則や事故を起こしてしまった場合に多額の賠償金の支払いリスクもあります。必ず、忘れないように注意をしましょう。自賠責保険では、原付などでは満期を忘れないために保険会社で発行してもらえるステッカーを必ずナンバープレートに貼るようにしましょう。日頃から目に付くところにあれば、満期を忘れることもないでしょう。自賠責保険の更新の手続きは、満期日の1カ月前から7日前にできますので、ギリギリにならないように注意しましょう。

図表2は自賠責保険の保障額を記載したものです。見ていただきたいポイントは支払限度額がすべて決まっていることです。無制限ではありません。たとえば、死亡では最高3000万円ですが、これでは、死亡事故を起こした時に賠償金不足になるリスクがあります。だからこそ任意保険が必要になるのです。

必ず入っておきたい 個人賠償責任特約

個人賠償責任保険って何？

個人賠償責任保険は、日常に起因する賠償責任を補償する保険です。わかりやすく言うと、他人や他人の物に損害を与えてしまった場合に保険を使って補償してくれるものです。自動車保険の対人賠償、対物賠償をイメージするとよりわかりやすいでしょう。自動車保険では、人を引いてしまったり、人の物を壊してしまった場合に補償を受けられます。一方、自動車に乗っている時や仕事中以外の日常生活における賠償事故を補償するのが個人賠償責任保険です。未加入の人は、必ず加入しましょう。

図表の通り、日々生活をしているとさまざまなリスクがあります。故意ではなくても、誤って他人の物を壊してしまったり、他人を傷つけてしまうリスクは完全にゼロにすることは難しいのです。たとえば、子どもが外に出て遊んでいれば一定のリスクに晒されます。そうした日常の賠償事故が起きた時に役に立つのが個人賠償責任保険です。

個人賠償責任保険は単体では入れない

個人賠償責任保険にこれから入りたいと思った人は、単体で入ることができない保険だということを知っておきましょう。火災保険、自動車保険、傷害保険の３つの保険の特約でしか入ることができません。この３つの保険のなかでも、多くの人が加入している保険が火災保険です。家が賃貸でも所有でも必ず火災保険に入ると思います。その火災保険に個人賠償責任特約を付けておくことをおすすめします。

加えて重要なポイントとして、折角、個人賠償責任特約を契約するなら、示談交渉サービスが付いているタイプに入っておきましょう。示談交渉サービスとは、たとえば、自転車で人身事故を起こしてしまった時に、被害者とのやり取りを直接自分で行わずに保険会社の人が間に入り、被害者対応をしてくれるサービスのことです。この示談交渉サービスが無いと自分で被害者と直接交渉することになり、非常に手間や時間がかかります。自動車保険はダイレクト型でも、代理店型でも示談交渉サービスが付いているため、事故後に被害者と直接やり取りせずに示談につなげることができるのです。当事者同士が話し合うとどうしても感情的になりがちで揉めてしまい、早期解決につながりにくいものです。

示談交渉付きの個人賠償責任特約となると、基本的には損害保険会社の個人賠償責任保険になるでしょう。不動産屋から案内されて、多くの人が加入している少額短期保険会社の火災保険の特約では、多くの場合、示談交渉サービスが付いていません。そのため、手間はかかりますが、賃貸住宅に住む人も損害保険会社の火災保険などに加入し、個人賠償責任特約を付けるのがよいでしょう。

示談交渉サービスの次に大事なポイントは保険金額で、保険金額は1億円以上のほうがよいでしょう。なぜなら、自転車事故では高額な賠償事例が実際に起きているからです。自転車を乗る人は特に個人賠償の保険金額を確認してみましょう。こちらも少額短期保険会社の個人賠償では賠償額が高くても3000万円ほどなので、損害保険会社に加入するのがよいと思われます。保険料を比べてみても少額短期保険会社のほうが高い場合が多いため、保険料の削減にもつながります。是非とも検討してみましょう。

図表 個人賠償責任保険で補償される例

①自転車で人身事故を起こした

②スポーツで他人を怪我させた

③飼い犬が他人に噛みついた

④下の階に漏水した

⑤買い物中に商品を壊した

大家さんなら知っておくべき
施設賠償責任保険

本書を読まれている方のなかには、不動産賃貸業を個人や法人で行っている人もいるでしょう。最近は、新築ワンルームマンション投資が盛んで、さまざまな営業を受ける機会が多いです。そもそも、すべての商品に言えることですが、営業を多くしているものは、裏を返せば、営業をしないと売れないものなので、買わない方が得策です。不動産賃貸業は、購入や相続などで取得し住宅を他人に貸して賃料を得るビジネスです。多くの人にとって、副業で可能なビジネスで、会社員をやりながら不動産投資の物件を増やしている人も多いでしょう。今回は、そういう不動産賃貸業を行っている人には、是非とも知っておいたほうがよいでしょう。

不動産賃貸業は、会社員ができる副業のなかでも一番ポピュラーなもので、比較的手間をかけずにできるのでとても人気があります。会社員は毎月、安定して入ってくる給与収入があるため、信用が高い評価を受けることから融資が通りやすくなっています。特に、大企業では条件のよい融資を受けやすいので、投資をする人が多いのです。

株式投資では、基本的にはお金を借りて投資をすることはできませんが、不動産投資は物件を担保にお金を借りて投資ができるので、レバレッジ（元手の何倍か）をかけることができる点が最大のメリットなのです。少ない元手でお金を借りて物件を手に入れることができれば、家賃収入から融資返済額を引いたものが利益となり、借主がいる間は安定したビジネスになるのです。

そうはいっても、空室リスク以外にも漏水事故などを起こしてしまうリスクもあります。区分所有マンションでは１階以外はすべて下の階があるため、下の階への漏水事故のリスクがあるのです。そうした自分の所有している不動産から発生した事故によって、他人に迷惑をかけてしまった場合に適用になる保険が施設賠償責任保険です（自ら住んでいる場合には、個人賠償責任特約で対応できます)。一番わかりやすい例が、区分所有マンションで床の下に通っている配管が破損して、下の階の部屋に漏水事故を起こしてしまった場合に下の階の部屋の家具を汚損させたり、クロスを張り替えたりした費用を補償します。また、下の階の部屋が仕事部屋で漏水被害を受けた期間、仕事ができなくなってしまった場合には、休業損害の請求を受けるリスクもあります。それも施設賠償責任保険で対応できます。

建物を所有している以上、あらゆる事故のリスクがあります。そのリスクをヘッジするために施設賠償責任保険は単体でも入れますが、通常は火災保険の特約として入るケースが多くあります。マンション投資をしている人は、必ず検討しておきましょう。保険料自体は専有の床面積によって保険料は変わりますが、基本的には年間１万円以内で入れるケースがほとんどなので、加入しておいてもあまり損はないでしょう。マンションでは配管系の事故は建物が老朽化してくると起きています。部屋の中の目に見える部分ではないので老朽化していることに気が付かないのです。、もし、マンションの他の部屋などで配管系の漏水事故が起きているようであれば、施設賠償責任保険で備えておきましょう。

下の階の漏水事故を起こした時に適用となる賠償保険

個人賠償責任保険	→	自ら住んでいる場合
施設賠償責任保険	→	他人に貸している場合

不動産投資では漏水事故などのトラブルは付きもの。施設賠償責任保険の加入は要検討！

第4章

生命保険の最新動向と加入・解約方法

生命保険に入ろうと思った時、保険会社の営業マンがおすすめする保険に入ることが多いのではないでしょうか。生命保険は、独身なのか、既婚者で配偶者と子どもがいるのか、などライフスタイルによって対象になる商品が変わってきます。生命保険に入る前には自分でライフプランを作成してみるとよいでしょう。

生命保険の必要性と入り方

独身の人は高額な生命保険は不要？

ここでは、生命保険（＝死亡保険）について解説していきます。生命保険はそもそもなんで必要なのかという点を改めて確認しましょう。生命保険が必要な理由は、世帯主が亡くなった後に家族が生活できなくならないためにお金を残しておく必要があるからです。まずはその点を理解しましょう。

では、独身の人は生命保険が不要なのでしょうか。その点について、考えていきましょう。

まずは、独身の人が死亡保険に必要かどうかについて、必要だという理由をまとめました。

①葬式費用のために死亡保険に入ったほうがよい？

数百万円以上の貯蓄がある人は、特に保険で備える必要はないと思います。ただ、貯蓄がなかったり、あまりしたくない人は保険に入るのもありでしょう。

②高度障害リスクのために死亡保険は必要？

わかりやすく事例を用いて説明します。学生時代の先輩が外資系保険会社に転職をして、後輩は営業を受けて生命保険に契約した事例です。その外資系保険会社に転職した先輩は、保険を提案する後輩に対して、「仕事柄、営業周りで原付バイクに乗るため、後遺障害で寝たきりになるリスクがある。だから君もいざという時に寝たきりになった後、親に面倒を見てもらわずにすむよう高額な死亡保険に入ったほうがよい」という提案をして、後輩は納得して生命保険に入りました。

ただし、本当にこのような理由で生命保険は必要なのでしょうか。筆者は不要だと思います。多くの生命保険の営業マンは、損害保険を知らないからこうした営業ができるのでしょう。通常、バイクでも車でも社用車は自動車保険に加入しています。その自動車保険のなかに、「人身傷害の補償」があります。人身傷害とは、運転中に自分がけがをした時の補償です。もらい事故でのけがが、単独事故でのけがが、すべてを含みます。さらに、休業補償も付帯していますので手厚い補償です。人身傷害の保険金額にもよりますが無制限で加入をしていれば、すべての費用（治療費、介護費用、休業補償など）がその保険から支払われます。そのため特に生命保険は必要ないのです。

このように、生命保険の営業マンから提案を受けたとしてもそのまま受け取るのではなく、まずは本当にそのリスクに対して保険に入る必要があるのかを考えたほうがよいでしょう。基本的に、独身の人は高額な死亡保険は不要であり、入るとしても葬儀費用のみでよいという考えで問題ないでしょう。ただし、最近多い共働きの人は特に独身と同様に葬儀費用分ぐらいを保険または貯蓄しておけば問題ないでしょう。

妻が専業主婦、子ども2人いる人は死亡保険を要検討

それでは、高額な死亡保険が必要な家庭とはどのような家庭なのかについて、考えていきたいと思います。

高額な死亡保険が必要な家庭

ポイント①
配偶者が専業主婦や専業主夫またはパート勤務

ポイント②
貯金が子ども1人に対して1500万円以上ない

ポイント③
持ち家では無くて、賃貸（つまり住宅ローンが無い）

参考資料❶ 世帯主が万一の場合の家族の必要生活資金

	年間必要額（万円）	必要年数（年間）	総額（万円）	世帯平均年収（税込み）（万円）	総額／世帯平均年収（年分）
2021（令和3）年	**327**	**17.1**	**5,691**	**628**	**9.1**
2018（平成30）年	327	16.7	5,558	604	9.2
2015（平成27）年	328	16.8	5,653	598	9.5
2012（平成24）年	331	16.5	5,514	589	9.4
2009（平成21）年	344	16.8	5,804	614	9.5

※総額は、サンプル年の総額（年間必要額×必要年数）の平均値として算出
出典：「2021（令和３）年度生命保険に関する全国実態調査」（生命保険文化センター。参考資料２も同じ）

参考資料❷ 世帯主が万一の場合の家族の必要生活資金に対する世帯主普通死亡保険金額（世帯年収別）

	万一の場合の必要生活資金①（万円）	世帯主平均加入普通死亡保険金額②（万円）	充足率②／①（%）
全体	**5,691**	**1,386**	**24.4**
200万円未満	3,386	617	18.2
200～300万円未満	4,218	634	15.0
300～400万円未満	4,395	807	18.4
400～500万円未満	5,257	1,042	19.8
500～600万円未満	6,250	1,437	23.0
600～700万円未満	6,493	1,551	23.9
700～800万円未満	6,589	1,696	25.7
1,000万円以上	6,797	2,491	36.6

ポイント④
年収が平均年収ぐらい

この４つのすべてに当てはまっている人は、確実に高額な生命保険が必要な家庭でしょう。例を示すと、妻が専業主婦、子どもが2人、貯蓄は300万円、家は賃貸で、勤め先が中小企業となると、仮に世帯主の夫が亡くなった場合には、妻1人で子ども2人を養っていかなければならないのです。家賃を払いながら、妻が働いて、子ども2人の学費も払わないといけないわけです。夫が死亡後の遺族年金も平均年収程度だとあまり期待ができず、生活が苦しくなるのがすぐに予想できます。子ども2人を1人で支えるのは並大抵の努力ではありません。働きすぎて体調を壊してしまうこともあります。そうならないためにも、こうしたケースでは生命保険が必要なのです。

そして、多くの人ができることは、年齢が若い人は年収を上げることです。ファイナンシャルプランナーは「人的資本を上げる」という言い方をしますが、そこを考える必要があります。人的資本が上がると必然的に貯蓄がしやすくなるからです。次に、貯蓄をしていくことです。高額な保険が必要になると、保険料も上がり、余計に家計を逼迫しかねません。そのため、貯蓄をすることで、必要な死亡保障額を下げ、保険料を抑えることができ、その分貯蓄に回すことができるのです。貯蓄は地味な作業で効果が出るまでに時間がかかるため続けることが非常に難しいのですが、しっかりと貯蓄を作っていくことが一番大事なことなのです。

ライフプランナーのライフプランを鵜呑みにしてはいけない理由

ライフプランは自分自身でも作成できる

　まず、ライフプランナーとは、生命保険を主業とした保険の販売員のことです。生命保険を加入するうえで必要死亡保障額を算定し、その金額を生命保険で備えることは正しいことだと思います。ただ、この必要死亡保障額の算定の仕方によっては、必要死亡保障額の金額が大きく変わってくるという事実を知っておく必要があります。というのも、ライフプランナーは、ライフプランを作成するプロではなく、保険の販売のプロだからです。

　必要死亡保障額の算定にあたり、保険が必要な設計を行うことになるのは目に見えることでしょう。ライフプランを作成したければ人に頼むのではなく、今は無料で使えるライフプランソフトが沢山ありますので自分でやりましょう。一例ですが、金融庁や日本FP協会などから出ているライフプランシミュレーション（**図表**）も簡易的ですが、よくできたものです。また、銀行のHPでも詳しいライフプランシミュレーションが3分程度で作成できます。大事なことは、ライフプランは毎年変わる可能性があるということを理解し、定期的に行うことです。詳しい数字を入れる必要はなく、大まかな数字として、理解をしておくことが大事でしょう。なぜなら、数字は日々変化するからです。細かい数字にこだわって、ライフプランシミュレーションに時間を費やしていたら、時間がもったいないです。

将来を考えるよりも今現在の生活を一番に考えよう

　今の時代は終身雇用が崩れ、転職をする人や副業する人が増えています。収入面についても、転職をすれば、上がったり、下がったりの変化があるでしょう。企業の業績も変化が激しい時代であり、賞与もいつまであるのか、保証されているものでもありません。そうしたことを踏まえると、将来を見通すのが非常に難しい世の中になっている気がしてきませんか。時代の変化が急速に早まっている時代なのです。こうした時代を生き抜くうえで大事なことは、今を大事にすることです。つまり、将来を考えるよりも今現在の生活を一番に考えることが大事だという時代なのです。

　ただ、そうは言っても貯蓄が少なく子どもがいる人にとっては、生命保険は必要な商品です。子どもは就職するまで稼ぐことができないと考えてもらえばすぐにわかるでしょう。その間の生活費と教育費は親が負担しなければならないのです。子どもに教育を受けさせる義務は、国民の3大義務の1つでもあります。当然、世帯主の収入が無くなれば、子どもの教育費の捻出ができなくなるリスクがあります。そのために保険が必要なのです。生活費については、遺族年金や残された配偶者が働くことで賄っていくことができたとしても、教育費を払う余裕はないでしょう。

　ですから、ライフプランシミュレーションを行う目的である必要死亡保障額の算出は、

世帯主に死後の必要な生活費（今の生活費の約8割）＋子どもの教育費（1人当たり1500万円）＋住居費（住宅ローン有の人は不要）ー遺族年金＝必要死亡保障額

と言えるでしょう。遺族年金の算出には、ねんきんネットを利用するとわかりやすいでしょう。こ

図表　**ライフプランのシミュレーションの例**

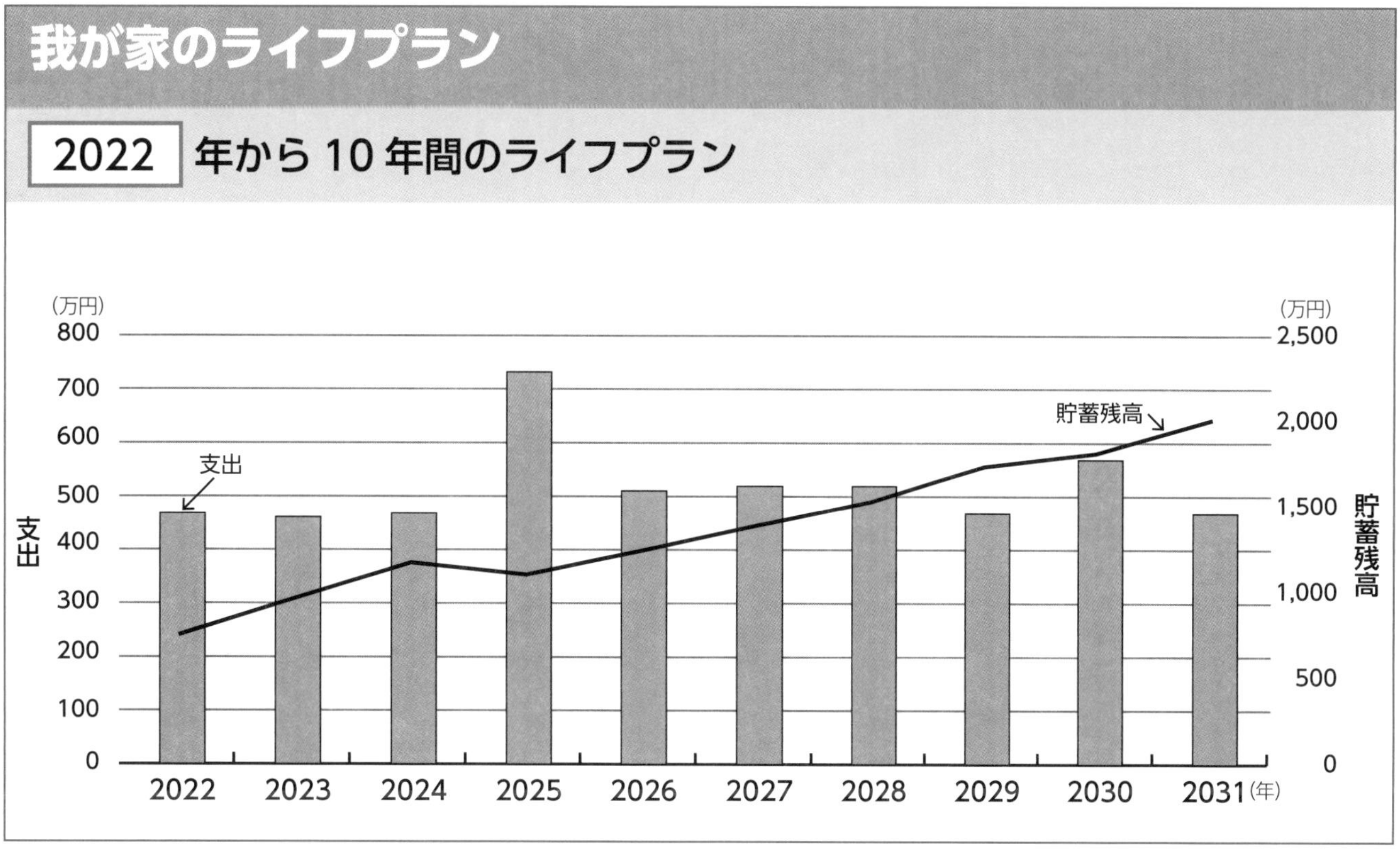

出典：日本 FP 協会

うして金額を計算し、足りない金額に保険に入るのです。将来の生活設計をするうえでは、自分の死後の生活を考えておくことはとても大事なことです。人間は健康な生活をしているとバイアスがかかり、自らが病気や事故で亡くなることを想定しにくいものです。1年のうちに1回でもよいので、自分の死後に残された妻と子どもの生活をしていくお金はどうするのかについて、考えてもよいのではないでしょうか。しっかりと考えたうえで、必要死亡保障額を自らで算定し、保険商品を購入するのが正しい加入の流れなのです。念を押すようですが、決してライフプランナーに頼ってはいけません。

**ライフプランナーの提案を鵜呑みにせず
自分でライフプランを作るか、
ファイナンシャルプランナーに頼んで
ライフプランを作成してもらってから保険を検討しましょう。**

貯蓄型と掛け捨て型の死亡保険のメリットとデメリット

実は定期死亡保険の方がお得！

保険の販売をしていると、貯蓄型の保険を好む人が非常に多いことがわかります。やはり、払った保険料が払った金額以上に返ってくるのだから別に損をするわけではないから、よいだろうと考えるのでしょう。確かにその通りなのですが、そのお金を自分で投資していたらどうなっていたかという点が、抜けていることが問題です。

多くの日本人は投資をしていないため、投資による複利の効果を知りません。だから、これだけ終身保険や変額保険が人気あります。貯蓄型の保険に入らず、必要な死亡保障額は、掛け捨て型の保険に入り、残りを投資に回していたら、どれだけ資金が増えるようになるのか、そのシミュレーションをしてみるとよくわかります。

まずは、一例から紹介します。

（想定）35歳の男性　妻が専業主婦
子どもが1人誕生したので、1500万円の死亡保障が必要と仮定。
子どもの独立まで（独立年齢を25歳と想定）必要だとします。25年間の保障が必要です。

〈貯蓄型保険〉払込期間：35歳～65歳（30年間）／保障期間：終身／保険金額1500万円／保険料：月約37000円（保険料は保険会社により異なるため、概算の表記）

〈定期保険〉払込期間：35歳～60歳／保障期間：35歳～60歳／保険金額：1500万円／保険料：月約4000円（保険料は保険会社により異なるため、概算の表記）

これだけの差があります。この差は当然で貯蓄型の保険であれば終身保障のため、必ず死亡保険金の1500万円は遺族が受け取れるわけです。ですから、保険会社目線で考えると、1500万円により近い保険料を回収しなければ経営が成り立たないわけです。35歳から65歳までの30年間で支払う総額は、約37000円×30年×12カ月＝1332万円（概算）です。結構な金額になります。本来、保険料から保険会社の運営費（人件費や家賃など）を賄うことを考えれば、1500万円以上の保険料をもらわないと経営が成り立たないことになります。しかし、保険会社は保険料として預かったお金を長期間運用できるため、1500万円未満のお金でも収支が合うという計算になるのです。

保険料の差額を運用すると手元のお金が増える！

ここで、終身保険と定期保険の保険料の差額を運用した場合について考えてみたいと思います。たとえば、想定の利回り3％で運用をしたとして、毎月3万円の積み立てを35歳から65歳までしたとします。30年間の投資期間があるわけです。総額の投資額は1080万円ですが、運用収益は、668・2万円となり、総額で1748・2万円となります**（図表）**。長期で定額の運用を継続するとこれだけの成果があるのです。そんなことを言っても投資はリスクがあるから、そんなに増えないのではないかという人がいますが、確かにその通りです。

ただし、リスクという言葉は、多くの人が危険性の意味として使っていますが、本来はリスクは幅なのです。上がったり、下がっ

図表　**積立金額と運用成果**

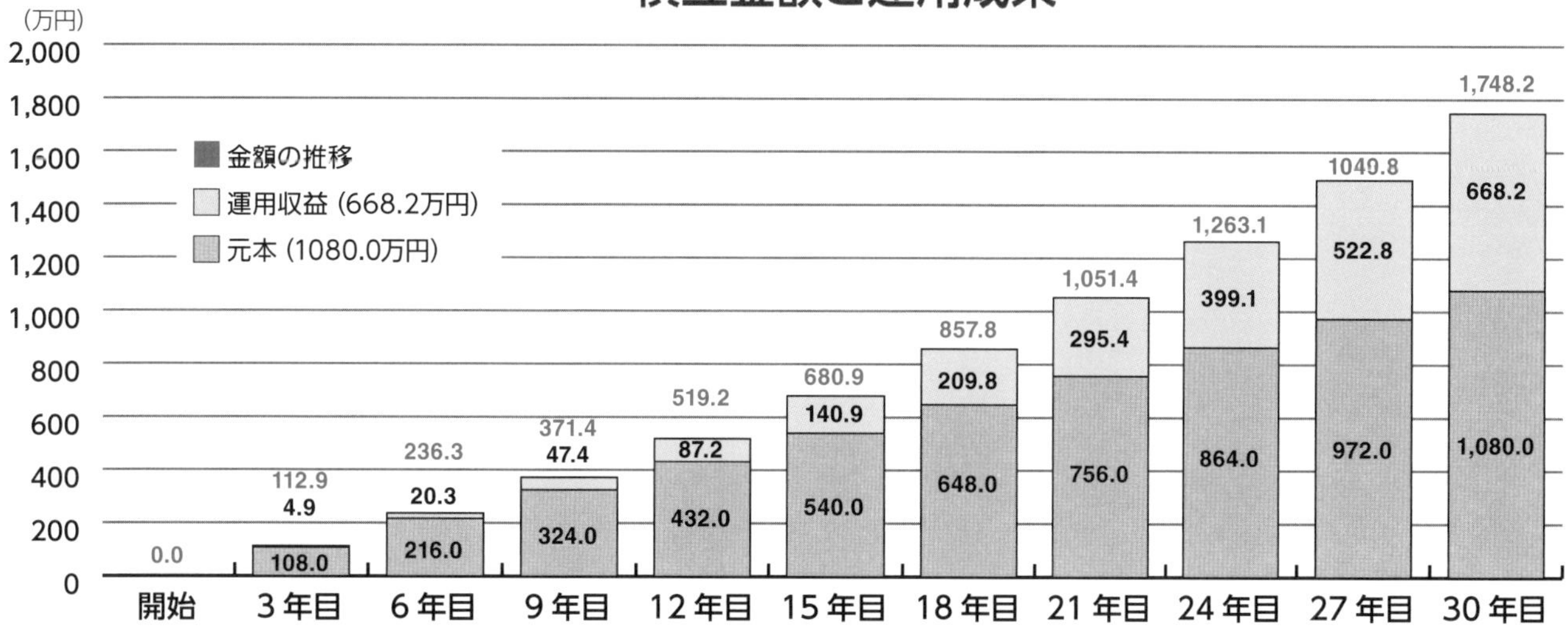

長期投資の効果を比較してみましょう。たとえば、毎月2万円の少額投資による積立投資を想定します。年3%の収益が期待される低リスク商品に投資した場合、10年間の投資期間で貯めることができるのは280万円弱です。しかし投資期間30年とすると、1,165万円になります。その金額を3%の収益で10年間を達成するには、月々8万円以上の積立額が必要になります。

若年層であれば、少額投資で低リスク商品に投資したとしても、時間を味方につけて、30年後の資金として十分に役立つことになるでしょう。低リスク商品とはいえ、価格変動などのリスクは伴いますが、早めに準備を始めることで、リスクを抑えつつ、長期投資の効果を得ることができます。

出典：金融庁

※上記は金融庁が公表している資料のため、非常に信ぴょう性が高いです。

注目するポイントしては、赤色が運用収益なのですが、時間が経過するごとに増えていることです。これがいわゆる複利の効果なのです。利息が利息を生む仕組みです。これを繰り返すことで、お金は増えていくのです（「複利とは、元本についた利子に対してさらに利子がつくこと」）。

たりする幅なのです。過去の歴史をみても長期に投資をすることで、上がったり、下がったりしながら、増えていくということが図表をみれば明らかです。

　もちろん、利回り3％の数字は保証されているわけではありませんが、こうして考えると積立保険に入るよりも、必要な保障額は保険料が安いもので備えて、残りを投資に回した方が手元のお金が増えると思う人は多いのではないでしょうか。利回り3％は決して高い数字ではなく、過去の株価の推移を見ても比較的低めの数字ですから、もっと株価が上昇すればさらに利回りが高くなることも想定されます。もちろん、下がるリスクもある点は注意が必要です。

「長期・分散・積立」でリスク低減

　日本経済のみに限れば、経済の伸びはあまり期待できませんが、世界経済、特にアメリカの経済をみると、確実に毎年成長を続けているのです。過去の推移を見ても、それを証明しています。もちろん、これから先も同じように上がる保証はないのですが、日本人はどうしても日本のバブル崩壊を経験しているため、そこからの株価の下落から株式投資を非常にリスクの高いものと考えています。さらに、2008年にはリーマンショックがあったため、株式投資をすることをためらう要因になっているのです。

　ただ、実際に運用をしている人間からすると、短期で株式投資を行うとリスクは高いですが、「長期・分散・積立」を行うことでリスクは抑えられるのです。お金は少しでも多くあったほうが生活が豊かになります。是非とも、貯蓄は投資で、保障は保険でという考え方で家計を運営していくとよいかもしれません。

生命保険は相続対策に活用できる

相続税対策として生命保険を使う3つのメリット

生命保険を相続税対策に利用できることを知っている人も多いでしょう。ただ、一部分は知ってはいるものの、すべてを理解している人は少ない印象です。今回は、生命保険の相続対策のまとめとして、どのようなことが具体的にできるのかを整理しました。ぜひとも、相続税対策で悩んでいる人がいたら読んでほしいと思います。はじめに、相続税対策として生命保険を使うことの３つのメリットを解説します。

①遺産分割をスムーズに行えること

生命保険は受取人を指定できるので、たとえば、相続財産が不動産1つしかなく、法定相続人が2人いたとしたら、不動産は分けられないので、共有にするしかないのですが、生命保険があれば、1人は保険金を受け取り、もう1人は不動産を受け取るという形にできるのです。

②保険金は現金で受け取れること

税務署への相続税の支払いにも利用可能ですし、資金使途は自由です。

③非課税枠があること

法定相続人×５００万円が非課税で事前に指定した相続人が受け取れます。注意が必要なのは、死亡保険金の受取人を法定相続人にしないと非課税枠は利用できません。たとえば、孫を死亡保険金の受取人として指定をした場合には、非課税枠は使えませんので、注意しましょう。さらに、この保険金は受取人が相続の放棄をしても受け取れる点も非常にメリットがあります。たとえば、死亡した人に多額の借金があり、相続手続きをする際に債務の相続をしたくなければ放棄という選択肢がありますが、放棄をすると遺族が持っていた資産もすべて受け取れません。ただし、生命保険金は受取人の固有の財産という名目になっているため相続放棄をしてももらえるのです。

生命保険は相続に利用できるのです。ただ、生命保険には加入できる年齢制限がありますので、早めにこうした計画を立てておくと安心でしょう。

相続税の基礎控除

次に、ご自身が相続税と関係がある世帯かどうかの判断として、基礎控除を知っておきましょう。基礎控除とは、相続税がかからない財産の限度額のことです。まず、配偶者控除の1億6千万円があります。たとえば、夫と妻と子どもが2人いて、夫が無くなり、その資産を遺言ですべて妻が相続したとすると、1億6千万円までは相続税がかからないわけです。配偶者の生活を守るために必要な制度です。

ただし、その後、妻が亡くなった時には子どもは「３０００万円＋６００万円×法定相続人」まで相続税がかからないので、法定相続人は子ども2人としたら４２００万円まで相続税の対象になりません。このように、自分の家庭が相続税がかかるのか、かからないのかを確認してみるのもよいでしょう。

孫に医療保険を掛ける相続対策

次に、祖母や祖父が自らの現金を減らすために、孫に医療保険を掛けるというケースもあります。下記条件で医療保険に契約すれば、払込期間が完了した後に、入院給付金の日額の10倍で孫が医療保険を買い取ることができ、その後は、保険料の支払いが無く、そのまま終身で保障を残すことができる。よく、孫への医療保険のプレゼントなどという言い方をしますが、祖父母からすると現金を減らすことにつながるため、その医療保険の支払い分の相続税がかからなくなる点はメリットがあります。ただ、あくまでも医療保険なので、何か病気やけがにならなければ給付金を受け取ることができませんので注意しましょう。

契約者：祖父または祖母／被保険者：孫／給付金の受取人：祖父または祖母／保障期間：終身／払込期間：5年または10年

図表1 相続税の非課税枠について

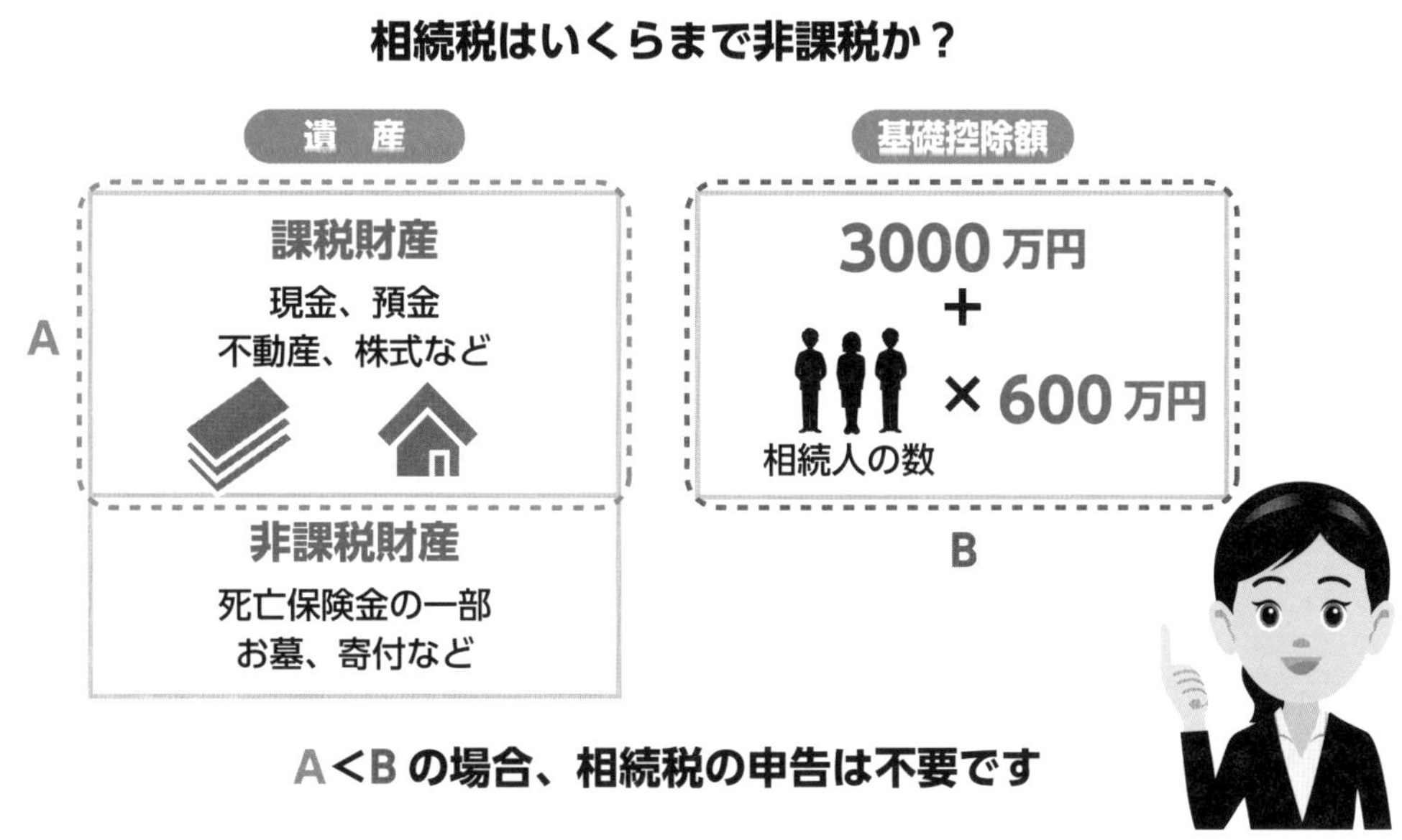

※上図は、ご自身が相続税の対象になるかどうかを確認するために利用ができます。基礎控除をしっかりと押さえておきましょう。ただし、配偶者控除は別にあるので忘れないようにしましょう。

図表2 相続税速算表

各相続人の法定相続分の金額	税率	控除額
1,000万円以下	10%	-
3,000万円以下	15%	50万円
5,000万円以下	20%	200万円
1億円以下	30%	700万円
2億円以下	40%	1,700万円
3億円以下	45%	2,700万円
6億円以下	50%	4,200万円
6億円超	55%	7,200万円

※上図を基に相続税がかかりそうな人は、生きているうちに相続税対策をしておきましょう。

それ以外の相続税対策としては、暦年贈与を利用されている富裕層の方は多いと思いますが、贈与したお金の使い道までは管理していないことが多いでしょう。しっかりと自分で管理できる孫であればよいですが、お金が入ってくるとその分使ってしまう人も多いものです。確かに、多くの経験を積むために若いうちはお金を貯めるよりも使ったほうがよいという人は多いです。

ただ、浪費に回るよりは贈与したお金を契約者は孫、被保険者も孫で積立保険などに契約をして、資金を動かせないように管理をする方法もあります。子どもたちの老後や本当に困ったときのための予備資金のような形で残してあげる方法もあるのです。

あとは、相続税の支払いを免れないほどの資産がある家庭の場合は、生命保険金を相続税の支払い原資として残しておく方法もあります。そのまま現金で被相続人（死亡した人）が持っているよりも、保険に変えることで非課税枠の利用もできるのでよい方法でしょう。相続対策においては保険はさまざまな形で利用ができます。保険商品は目的さえしっかり決まっていれば有効に活用できるのです。何のためにという目的を間違えないように、保険を契約することが大事なのです。

会社のグループ保険は うまく活用しよう

会社のグループ保険はメリットが多い！

生命保険の入り方として、大企業にお勤めの人やその配偶者の人は必ず会社で入れるグループ保険の生命保険をまずは検討しましょう。これは、その企業に勤めていないと入れない保険で掛け金がとにかく格安で、毎年、一定の還付金があるため非常に恵まれている保険です。ただ、グループ保険だから何でも入っていいというわけではなく、そのあたりはしっかりと見極める必要がありますので、説明をしていきます。

ある保険会社が販売しているがん保険や医療保険を団体割引で加入してもはっきり申し上げてほとんどメリットがありません。これは、ただ、給与天引きで入れて団体割引が2、3%ぐらいあるだけで還付金は一切ありません。そのため、そもそも団体割引で入るのではなく、年払いでかつ、支払いをクレジットカードで入ったほうがメリットがあります。

ところが、前述の通り、大手日系の生命保険会社が取り扱いしている「グループ保険」はかなりのメリットがあります。

年に1回しか加入ができないのが特徴です。とくに保険会社から商品説明を受けることもなく、自分でパンフレットの内容を見て、プランを選んで入る仕組みです。筆者が見たことがあるグループ保険では、毎年更新型の定期保険（死亡保険）で１５００万円の死亡保障付きで保険料は３７５０円でした。年齢もその会社で働いている人であれば、64歳以下まで同じ保険料という仕組みでした。さらに配当金という名の還付金がだいたい60%ほどあるため実質１５００円ほどで１５００万円の保障を買えるのです。各団体によって保険料は異なっていると思いますが、それだけグループ保険が手厚いものだということは理解をしておきましょう。

医療保険にもグループ保険がありますが、こちらは、年齢によって、５歳刻みで保険料が変わっておりましたが、シンプルな下記の保障内容でも40歳の年齢で約３０００円ほどで入れます。さらに、配当金という名の還付金があり、こちらは医療保険のため死亡保険ほどではないですが約20%の還付金がありました。ただ、もちろん、グループ保険は、毎年保険料の改定があり、配当金も毎年変わるものなので、そのあたり変更されるリスクはありますが、今使えるものとしては、優先的に利用していったほうがよいでしょう。

ある会社のグループ会社の医療保険の保障内容

入院給付金日額	10,000円
手術給付金	入院給付金の日額の5倍、10倍
入院一時金	50,000円

グループ保険が格安な理由

それでは、なぜグループ保険はこれほど保険料が格安なのでしょうか。

まず、第一にグループ保険には、販売する人の利益が含まれていないので格安なのです。保険には代理店手数料があり、保険料から一定割合の手数料を得て、販売人は生活しています。それが無い分、保険料が格安なのです。また、保険の制度運営費を会社で負担しているため、保険料が安くすんでいる点もあります。さらにグループ保険は、その会社単位で収支を取っており、預かった保険料のうち、支払った給付金と制度運営費を引いたお金は剰余金として、配当金を社員に還元しているのです。ですから、これだけ格安なのです。

ただ、生命保険の営業マンは団体のグループ保険に入ってもらっては仕事にならないため、さまざまな理由を付けて別の保険に入ったほうがよいと案内をすることもあるでしょう。確かにグループ保険は非常にシンプルな保障で、自分が欲しい特約が無かったり、選択肢が限られているため、オーダーメイドで保険が欲しい人には合わないところもあるでしょう。

しかし、保険は自ら理解できる程度のわかりやすい保障商品に入ったほうが請求漏れが無くなるためおすすめです。シンプルな保障に入っておけば、何かあった時にすぐに請求もできることでしょう。将来が不安で、しっかりとコンサルティングを受けたい人やそもそもグループ保険は限られた企業にしかないので、取り扱いが無い人は、募集人（保険の販売をする人）から入る方法しかないでしょう。しっかりと精査をしておかないと、高額なドル建てや円建ての終身保険、養老保険といった積立保険の営業をされることでしょう。特に大事なことは、感情で訴えてくる募集人からは保険に入らないことをおすすめしておきます。

図表　グループ保険の仕組み

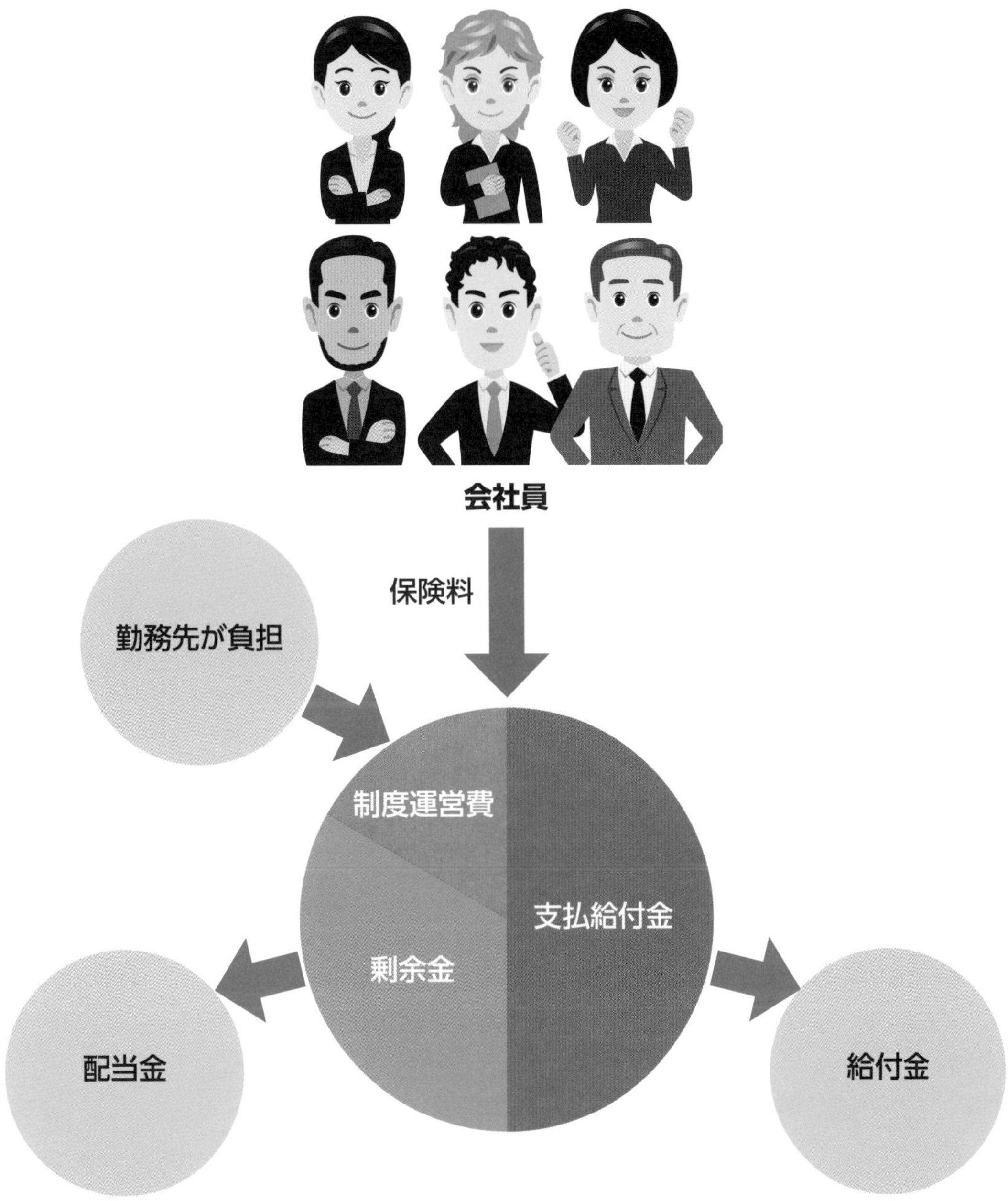

生命保険料控除は忘れずに年末調整しよう

生命保険料控除はどれぐらい還付される？

生命保険には、生命保険料控除という所得控除の制度が認められています。税額控除とは違い、支払った保険料の一定の割合の金額分を所得から控除でき、その結果、所得税および住民税が返ってくるものになります。

控除できる保険は大きく3つに分かれており、「死亡保険」「医療・介護保険」「個人年金」です。2012年1月1日から新契約になっており、それ以降は3つに分かれている点を知っておきましょう。2011年12月31日以前は旧契約のため「死亡・医療保険」「個人年金」の2つに分かれていました。

具体的に控除できる保険料ですが、それぞれが加入している年間の保険料によって異なります。年間の保険料が8万円を超過していると4万円の所得控除ができます。たとえば死亡保険8万円、医療保険8万円、個人年金8万円で、合計24万円支払っていたとすると合計12万円の所得控除が可能となります。12万円の所得控除が最大の金額です。そのため8万円以上保険料を払っていても、控除額は変わらないことになります（**図表**）。

実際にどの程度の税金が還付されるのかわからないため、本当にメリットがあるのかどうかの判断がつかないと思われますが、いかがでしょうか。具体的に年末調整で返ってくる所得税、住民税の金額を事前に把握できないと、そもそも生命保険料控除をしたいと思えないでしょう。そのため、実際の事例を用いてどの程度の所得税、住民税還付されるのか、事例を用いて確認していきたいと思います。

〈事例〉

■年収500万円と想定した会社員の場合

死亡保険、医療保険、個人年金はそれぞれ8万円以上払っています。

所得税：120,000円×10.21%
＝12,250円
住民税：70,000×10%＝7,000円

合　計：19,250円

※所得税の数字は、1円単位を四捨五入

イデコに入った後、個人年金保険を検討するとお得

事例の通り住民税および所得税を合わせると、約8％の還付金が返金されているのは素晴らしい制度と言えるでしょう。会社員は認められている節税が非常に少なく、すでに生命保険に加入している人は必ず生命保険料控除証明書を会社に提出して、年末調整を受けた方がよいでしょう。

手続きの方法も簡単で、会社員の人は毎年送付されてくる「生命保険料控除証明書」を会社に提出すれば、年末調整の時に自動的に還付されます。個人事業主の人は、確定申告時に「生命保険料控除証明書」を添付し、申告書作成の際に保険料を入力すれば可能です。

ただ、果たして所得控除があるという理由で生命保険に入ることは正しい選択なのでしょうか。それを目的に入るのはやめておきましょう。なぜなら、所得控除によって所得税、住民税の還付がありますが掛金から考えるとさほどメリットはありません。唯一、控除目的としてありえるのは個人年金保険でしょう。例えば、年間8万円の「個人年金保険料」を設

定し、年間4万円の所得控除をすれば、所得税4080円、住民税が2800円の合計6880円の税金の還付があります。保険料（80000円）から考えると約8・6%の還付があるわけですから、それを運用益と考えればそれだけ価値があるといえるでしょう。

　ただ、イデコの方がより税制優遇されているため、優先順位としては、まずイデコに加入して、それでも支払いができる余裕がある人が個人年金保険に加入することを検討するのがよいでしょう。イデコは掛け金の全額が所得控除となるものなので、会社員で利用されていないようでしたら、真っ先に利用すべきです。会社で企業年金がない方は、月23000円が限度額となるため年間で27万6000円です。この金額が全額「所得控除」となります。シミュレーションなので正確な数字ではないのですが、年収500万円の人はおおむね1年間で55780円が還付されます。掛金から考えると利回り約20%になります。さらに、イデコは運用益が非課税であり受取時に一括で受け取る場合は退職所得控除の対象になるという税制優遇があります。ただ難点としては、60歳になるまで解約ができない点です。これは非常に大きなデメリットでもあるので始める人は注意しましょう。

図表　**生命保険料控除の金額**

全体の所得控除限度額	所得税	12万円
	住民税	7万円
一般生命保険料控除限度額	所得税	4万円
	住民税	2.8万円
個人年金保険料控除限度額	所得税	4万円
	住民税	2.8万円
介護医療保険控除限度額	所得税	4万円
	住民税	2.8万円
その他保険料 生命保険料控除対象外となる特約など	対象外	

（所得税）27万6,000円×10.21%＝28,180円
（住民税）27万6,000円×10%＝27,600円
合計：55,780円

会社員で生命保険、個人年金に加入している人は、必ず生命保険料控除、個人年金保険料控除をしよう。

従業員持ち株会をうまく活用しよう

先ほど大企業にお勤めの人は、会社のグループ保険を優先的に活用したほうがよいという話をしました。理由は、保険料の割戻金があることや制度維持費を会社が負担するため保険料が安いからです。こうした会社の制度をよく確認をしないで、活用していない人がまだまだ多い気がします。今回は保険とは離れますが、「従業員持ち株会」という制度について解説します。結論からいうと、従業員持ち株会を採用している企業にお勤めの方は補助金の額を確認して、限度額を満額購入することをおすすめします。会社としては、社員に株式購入をしてもらい経営者意識を持ってもらう目的や、福利厚生のために行っているでしょう。毎月、購入できる限度額があり、その購入金額の 10%～ 25%の補助金を払っている会社もあります。

ある会社では、毎月最大６万円の株式購入ができ、25%の補助が受けられました。ですから、給与天引きで株式購入費として毎月６万円が引かれますが、1.5万円の補助があるのです。つまり、実質 4.5 万円で６万円の株が買えるわけです。こんな割安に購入できるチャンスは滅多にないでしょう。株価が２５%以下にならなければ利益があるわけです。たとえば、20 カ月ほど購入して合計 120 万円、補助額はその金額の 25%ですから、30 万円にもなるのです。

非常に恵まれた制度ですので、多くの人が利用しているのかどうかを勤めている人に聞いてみると、毎月１万円や２万円とかの金額でしかやっている人はおらず、満額購入している人は見当たりませんでした。なぜ、やらないのか聞いてみると、「株価が下がったら、どうするの？」という話をしていました。確かに株式投資には、株価が下がるリスクがあり、そのリスクを取ることが嫌な人は投資をしない方がよいでしょう。

ただ、株価は上がったり、下がったりしながら、全体としては、経済成長とともに上がっていくというのが一般的なのです。過去の推移を見てもさまざまな暴落がありながらも、全体としては株価は上がっているのです。もちろん、個別企業については業績の動きなどで上下に動くので、さらにリスクは高まりますが、リスクを取らずにお金を増やすことは絶対に不可能です。起業する方がもっとリスクが高いことを考えると、株式投資のリスクは許容できるリスクと言えるのではないでしょうか。会社員がいわゆる「お金を持ち」を目指すなら株式投資は必要な手段でしょう。

持ち株会は、毎月定額で購入するのでドルコスト平均法でリスクも抑えられます。ドルコスト平均法とは毎月定額を購入することで、株価が低い時には購入量が増え、逆に株価が高い時には購入量を抑えることができ、結果的に高値つかみをすることなく、平均購入単価を抑える効果があるのです。ぜひとも、会社にお勤めの人は持株会について、限度額と補助金額を確認してやってみましょう。

従業員持ち株会がある人は
限度額まで購入するのがお
すすめです！

第5章

医療保険の最新動向と加入・解約方法

医療保険は各保険会社によって、入院日数、手術一時金、三大疾病の対象範囲、がん保険の通院保障など保障内容がさまざまです。加入を検討する時は、どの保険会社の医療保険が自分に適しているかなど調べてみるとよいでしょう。

医療保険の入り方

医療保険とは何か?

医療保険を加入するうえで、どのように検討をしたらよいのかを説明します。まず、「医療保険は何の保険ですか?」と一言で説明をする場合には、「病気やけがで入院や手術をした時に給付金がもらえる保険」と言えるでしょう。がん、心筋梗塞、脳卒中である三大疾病の一時金や要介護認定を受けてもらえる介護一時金を特約で付帯できるものも多いですが、基本保障である主契約は「入院と手術」であることは変わりないでしょう。通院の保障もありますが、これは、入院後の通院であることが多いので入院を伴わない通院を保障する医療保険は無いので理解をしておきましょう。けがであれば、傷害保険という商品が損害保険にありますが、こちらの通院は入院を伴わない通院も対象になっていますので知っておきましょう。

	医療保険	傷害保険
通院	入院後の通院を保障 （入院後に、入院前の通院も保障する会社もある）	入院しない通院も補償

具体的な保障内容は病気やけがで入院した時に、入院日数に応じて医療保険を入った時に決めた1日当たりの日額の給付金をもらえる仕組みです。入院日数が長くなれば、それだけ多くの給付金がもらえます。ただ、最近は短期入院が増えています。理由は病院の診療報酬の改定による影響なのですが、おおむね5日未満の入院が増えています。しかし、**図表1**を参照ください。65歳以上の入院は30日以上と長期化する傾向があるため、注意が必要です。

病院に入院をすると、食事代や治療費だけでなく差額ベッド代もかかるケースがあります。差額ベット代とは個室に入院する際にかかる費用です。こちらは健康保険が適用にならないため全額自己負担になります。費用は平均すると1日あたり6354円（※）になります。全国平均ですので東京は費用がもっと高くなるでしょう。できれば、お住まいの近くの市民病院や大学病院などのWEBサイトから差額ベッド代を確認しておくと自分が入院した時のイメージが理解しやすく、医療保険の日額を決めるうえでの参考になるかと思います。

※全国平均の金額であり、地域や病院により金額は異なります。
（出典：令和2年9月「第466回中央社会保険医療協議会・主な選定療養に係る報告状況」）

医療保険は何日入院するかを想定して決めよう

医療保険を検討するうえでの3つのポイントを説明します。

①入院給付金の日額を決める。

短期入院に備えるなら5000円でOK。長期入院に備えるなら10000円は欲しい。日額5000円と10000で保険料は倍額変わります。

②終身型か定期型

終身型とは一生涯の保障があることです。定期型とは10年や5年で一定期間の保障があります。

③特約の有無

特約はさまざまなものがありますので、必要なものを選択しておきましょう。特約の付け過ぎは保険料が高騰してしまうので、必要最低限に絞っておきましょう。

まずは、主契約である入院給付金の日額を決めるところからスタートです。

図表1
医療保険のプラン①とプラン②の比較

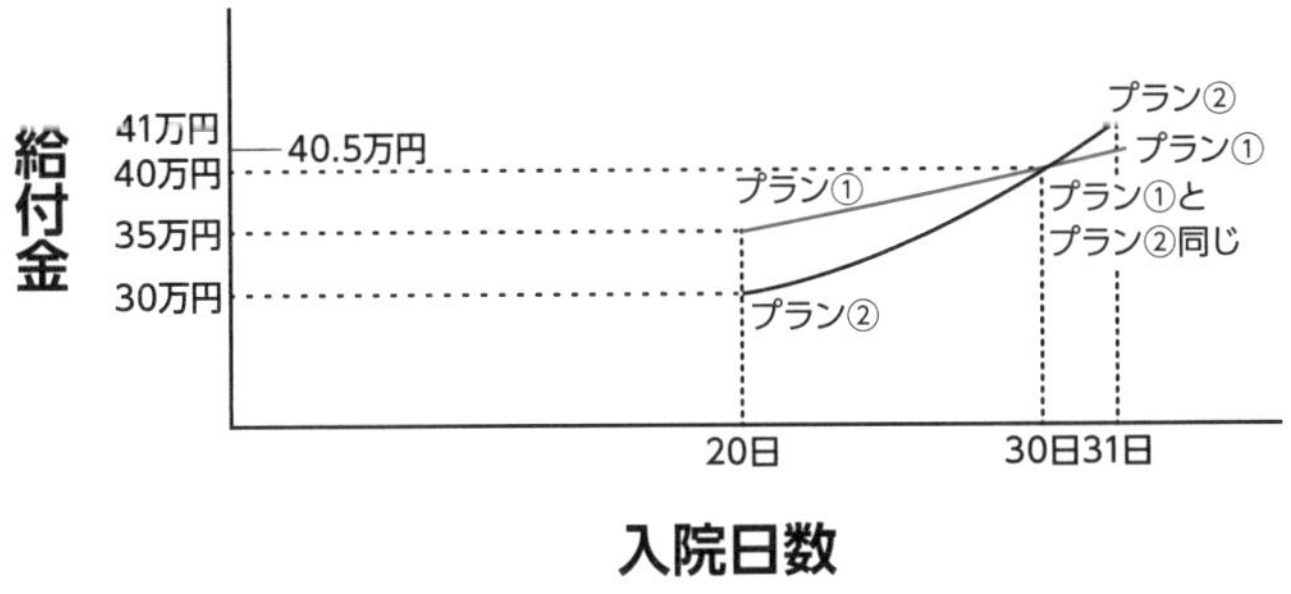

入院給付金を決めると自動的に手術給付金が決まるので、まずはこの金額設定がとても重要です。金額を決める際のポイントは、短期入院への備えを大事にするのか、それとも長期入院に備えるのかという点です。最近のトレンドは、短期入院への備えとして入院給付金の日額を5000円に設定し、入院一時金を20万円と設定するようなプランが流行しています。

なぜ、このようなプランが流行っているのかというと、短期入院が増えたため一時金があるほうが給付金を多くもらえるためです。その場合に受け取れる保険金は次の事例の通りです。たとえば入院日数10日で考えると、日額5000円に一時金20万円を付けたプランの方が受け取れる給付金は多くなります。

（事例）

入院日数が10日で手術をした。手術は、入院給付金の日額10倍の手術と想定します。

※入院一時金とは、1日でも入院すれば一時金として支給されるものです

	日額5,000円 ＋ 入院一時金20万プラン （プラン①）	日額10,000円プラン （プラン②）
入院	日額5,000円×10日＝50,000円	日額10,000円×10日＝100,000円
入院一時金	200,000円	なし
手術給付金	日額5,000円×10倍＝50,000円	日額10,000円×10倍＝100,000円
合計	300,000円	200,000円

図表2
年齢階級別にみた退院患者の平均在院日数の年次推移

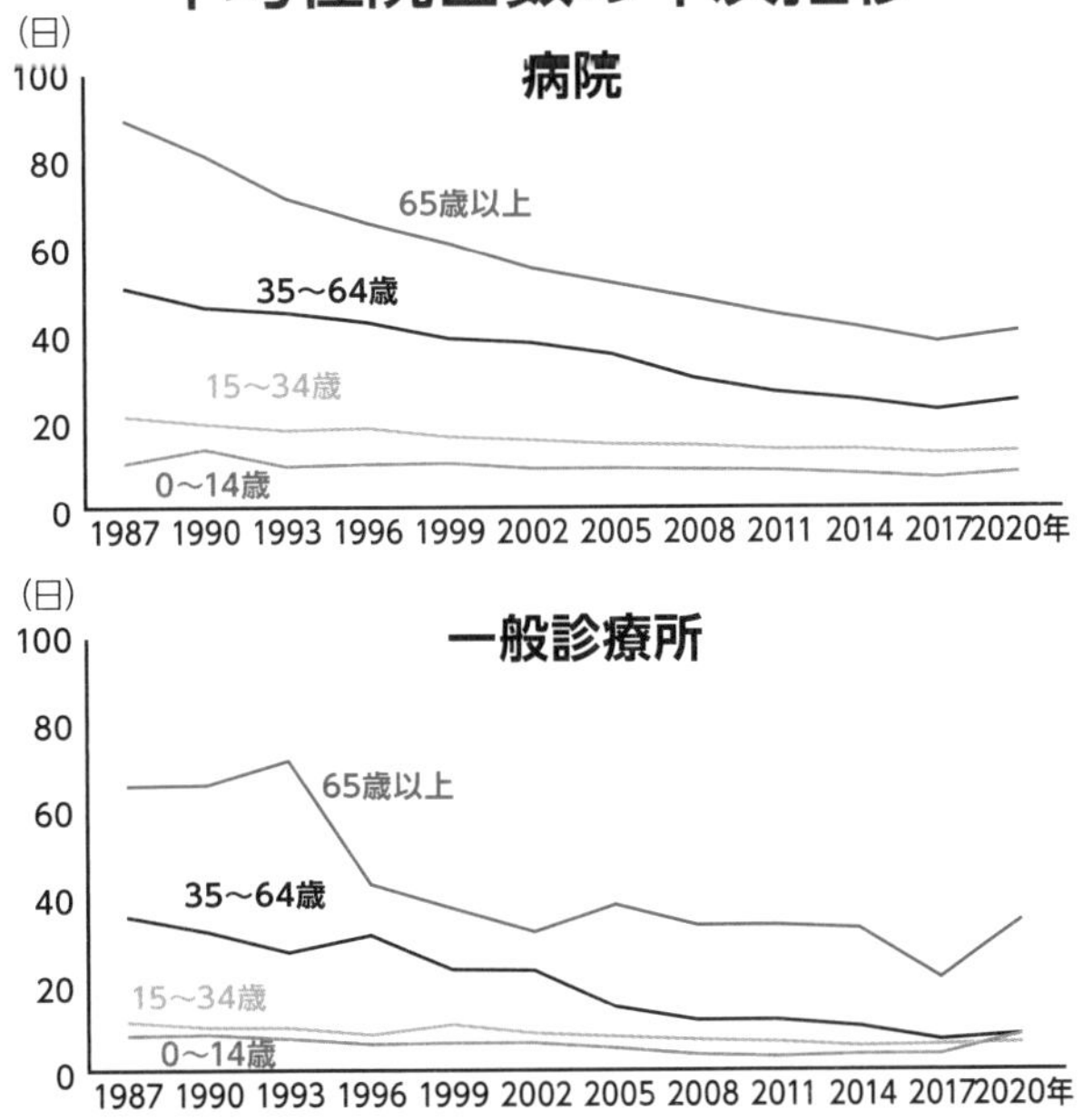

注：1）各年９月１日～30日に退院した者を対象とした。
　　2）2011年は、宮城県の石巻医療圏、気仙沼医療圏及び福島県を除いた数値である。
　　3）2020年調査の退院患者の平均在院日数には注意を要する。詳細は「8　利用上の注意」（7）参照。（3頁）
　　4）数値は、統計表６参照。
出典：厚生労働省　令和２年（2020）患者調査の概況

それでは、何日間入院したら、逆転するのか調べてみると、

たとえば、入院日数20日だと、プラン①は35万円、プラン②30万円。入院日数30日では、プラン①40万円、プラン②40万円と同じになるのです。

つまり、入院日数が30日を超えると、プラン②の方が受取金は多くなるという計算になります。31日では、プラン①40・5万円、プラン②41万円なので、プラン②の方が多くなったことがわかります（図表2）。

また、65歳までは短期入院プランで問題ないですが、65歳以上になった方を考えると、長期入院プランも必要な気がしますので、正直どちらのプランがお得かという点も非常に難しいでしょう。いずれにしても、それぞれの保険料を比較して検証し、自分の納得のいくプランで契約をすることが非常に大事です。保険代理店の人からの提案だけでなく、保険を加入するのは自分自身ですので、その点をしっかりと考えておきましょう。

医療保険が必要な人とそうでない人

余剰資金の貯蓄額があれば医療保険は不要？

世の中には、医療保険が必要な人とそうではない人がいます。一般的に言われる基準としては、無くなっても困らない余剰資金の貯蓄額が数百万円程度あれば医療保険は必要ないと考えれています。

一方、貯金をするのが難しいから医療保険に入り、保険料を払っていた方がマシだと考える人もいます。不要派の人は、たとえば貯蓄が数千万円あり、がんになって治療費に１００万円かかったとしても、特に生活に問題が無ければ不要な保険と言えるでしょう。

ただし、果たして金銭的な問題だけで、医療保険の加入の有無を決めてしまって問題ないでしょうか。確かに、経済的な合理性で考えると医療保険に払う保険料を貯蓄しておけば、病気になった際にその貯蓄から捻出すれば問題ないわけです。そして、むしろ保険に入っていないからという理由で健康にも気を配るようになればなおよいでしょう。そういう風に考えると、確かに医療保険が不要だという人の考え方も理解できますが、どれだけの人が毎月決めた金額を貯蓄できるのでしょうか。

筆者がファイナンシャルプランナーとして多くの家計相談をしているとよく思うのが、年収が上がったら家を買おう、車を買おう、引っ越そう、旅行に行こう、ゴルフを始めよう、子どもを私立の学校に入れようなど、入ってきた分、生活水準を上げてしまう人が非常に多い印象を受けます。確かに、年収が上がると会社員は年収が下がりにくいので、よりよい生活をするという考えは間違い無いように思えますが、「貯蓄をする」という目的を考えると、この行動では一生貯蓄ができないことになります。

改めて、貯蓄の仕組みを説明すると、「手取り収入―支出＝貯蓄」です。計算式では、簡単ですが、収入が上がれば支出を増やしたくなるのが人間の欲というものでしょう。この欲を無理やりに押さえつけてしまうとストレスになるのでよくないのですが、お金を使わないで楽しむことを覚えると、自然と支出が減り、貯蓄ができる家計になっていきます。お金のかからない趣味を持つことは、非常におすすめです。

医療保険は自分が病気になった時のことをイメージして加入を検討するとよい

医療保険の加入率は、生命保険文化センターの調査では、約９割（**図表**）と言われているので非常に高い加入率を誇っていますが、その理由には経済合理性だけではない別の理由があるのではないでしょうか。

医療保険に入るメリットは、病気の辛い気持ちをお金がもらえるというメリットで、少し緩和できるという役割は合理的ではないかもしれませんが、とても重要なことなのです。誰しも病気になれば気持ちが辛くなるでしょう。痛いだろうし、手術も嫌だろうし、病院に入院することもストレスでしょう。ただ、医療保険から一定の金額をもらえるということで、少しそうした辛さを忘れるきっかけになっているのではないでしょうか。保険代理店の担当が保険金請求の際に訪問して、話を聞いてくれるケースもあるので、そうした時に少し辛い気持ちも和らぐ効果もあります。

ただ、保険加入において、すべてに言えることですが、大事なことは保険の販売人から医療保険に入ったほうがよいとすすめられて

図表 医療保険の世帯加入率の推移

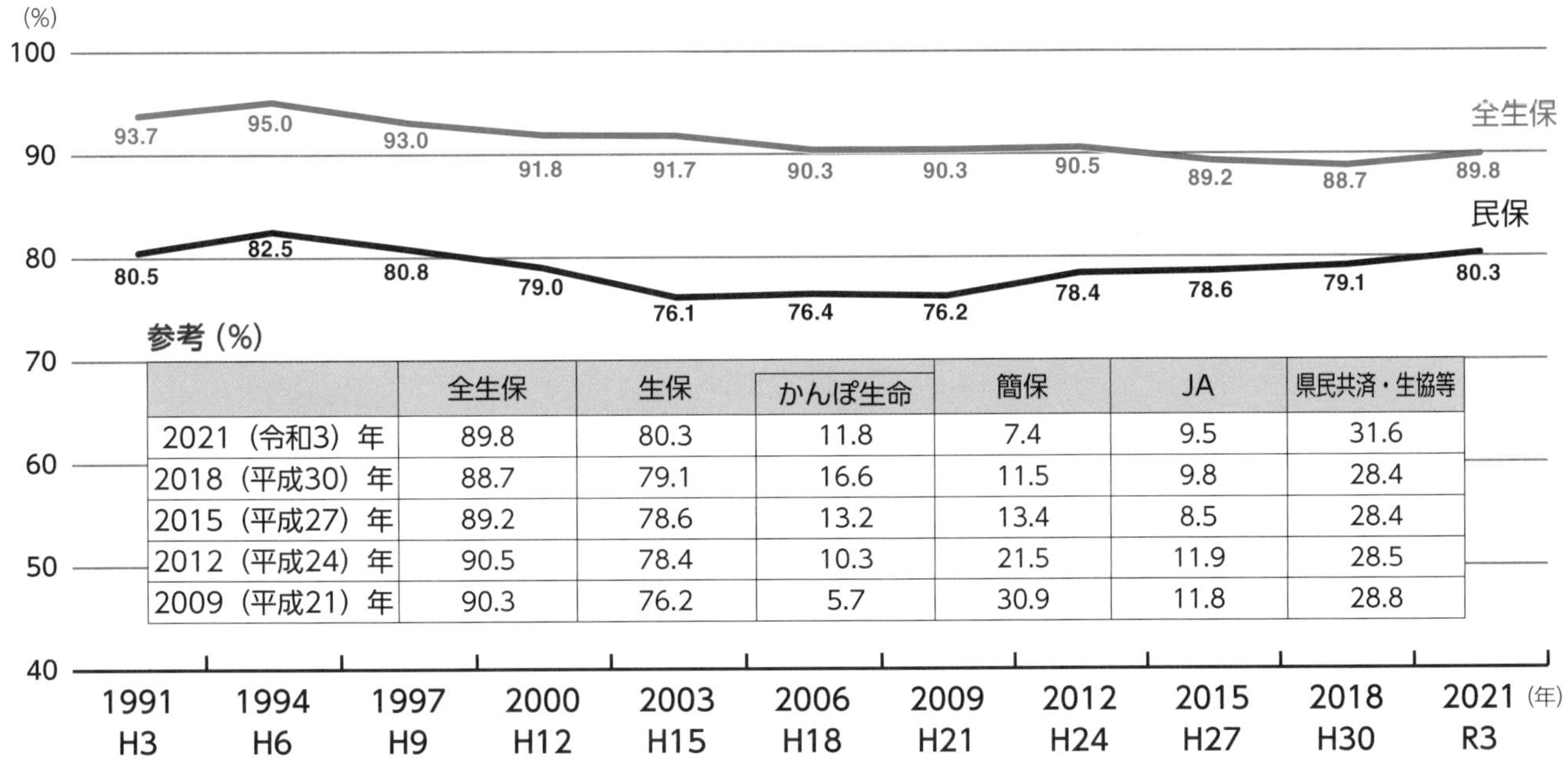

参考 (%)

	全生保	生保	かんぽ生命	簡保	JA	県民共済・生協等
2021（令和3）年	89.8	80.3	11.8	7.4	9.5	31.6
2018（平成30）年	88.7	79.1	16.6	11.5	9.8	28.4
2015（平成27）年	89.2	78.6	13.2	13.4	8.5	28.4
2012（平成24）年	90.5	78.4	10.3	21.5	11.9	28.5
2009（平成21）年	90.3	76.2	5.7	30.9	11.8	28.8

＊全生保は民保（かんぽ生命を含む）、簡保、JA、県民共済・生協等を含む
＊全生保の 2000（平成 12）年以前は民保、簡保、JA の計

出典：「2021（令和３）年度生命保険に関する全国実態調査」（生命保険文化センター）

入るのではなく、自分自身でもしも「病気になった時のことをイメージして、その時にお金をもらえたほうがよいのか」、それとも、別に「毎月貯蓄していけばいいのか」という点を天秤にかけて、判断すればよいのではないでしょうか。このあたりは、人それぞれの価値観によるものなのです。保険の必要性は自分で考えるということを必ず意識しましょう。

特約の適用条件（三大疾病特約の支払事由をチェック）

三大疾病特約って何？

医療保険は、主契約と特約から成り立っています。主契約では入院給付金の日額および1疾病当たりの入院の限度日数を決める必要があります。特約は、補償内容がとても複雑でなかなか理解できないことも多くあります。

主契約：それだけで保険契約として成立する契約の基本部分のこと
特約：特約は主契約の保障内容をさらに充実させるためのものです。特約のみでは契約できません

※主契約を解約すると、特約も同時に解約となります。

特約のなかでも、多くの方が検討される特約として、「三大疾病一時金特約」がありますが、この支払い要件をチェックすることがとても重要です。三大疾病とは、以前は、多くの保険会社で「**がん（上皮内がんを除く）、急性心筋梗塞、脳卒中**」を三大疾病一時金の支払い条件としておりましたが、現在は変化があり、「**がん（上皮内がんも含む）、心疾患、脳血管疾患**」の3つとなり、保障範囲がとても拡大しています（**図表1**）。

旧来の三大疾病の保障では対応できない疾病もある、保障内容の見直しをしよう

心疾患では、急性心筋梗塞で対象にならない「狭心症や心不全」なども対象となります。また、脳血管疾患では、脳卒中では対象とならない「モヤモヤ病」などの病気も対象となります。こうした変化は数年前の話なので、三大疾病一時金を医療保険の特約に入れていたり、単体で契約している人は、現在の保障内容を確認してみましょう。そして、がん、急性心筋梗塞、脳卒中という旧来の保障だとしたら、保障範囲が広い、がん、心疾患、脳血管疾患のタイプに変更をすることをおすすめいたします。

三大疾病の支払い要件は保険会社によって細かく違っているので、わかるようにポイントを表（**図表2**）にまとめましたので確認してみてください。細かい点は加入時に見落としがちです。保険を販売している人からの説明では、詳しく話す人やざっくり話す人に分かれるので、この辺りは自分で確認をする必要があります。

あとで、病気になった時に後悔しないためにも、自分で保障内容を確認するという習慣を持ちましょう。保険商品は商品が複雑さゆえ相手に任せて契約を決めている人も多いのですが、それでは不必要な保険に契約してしまうリスクもあるので注意しましょう。

三大疾病のがんの保障は加入要件が細かいため注意！

三大疾病の保障は、一時金だけなく「三大疾病保険料免除特約」としての要件もあります。この特約は三大疾病になった時に、以後の保険料の支払いが免除される特約です。主に、終身払いの医療保険などで利用されています。こちらの要件も、「がん（上皮内がんを除く）、急性心筋梗塞、脳卒中」のケースや「がん（上皮内がんも含む）、心疾患、脳血管疾患」のケースもあるので、確認をしておきましょう。

その他の注意点としては給付回数です。1年に1回が限度で、回数は無制限の会社が多いですが、こちらも保険会社によっては、通算で1回のみのケースもあるので、確認しておくことが大事です。

また、一般的にがんの保障には

図表1 三大疾病一時金の違い

	旧来の三大疾病の保障	最新の三大疾病の保障
がん	上皮内がんを含まない	上皮内がんを含む
心筋梗塞	急性心筋梗塞	心疾患
脳卒中	脳卒中	脳血管疾患

図表2 3大疾病の保障の支払い要件チェックポイント！

- □ がんは、「診断のみ」または「診断後の入院」なのか。
- □ 上皮内新生物（悪性ではないがん）が、保障対象となっているか
- □ 「急性心筋梗塞」や「脳卒中」は支払い要件に60日以上の労働制限があるケースも
- □ 「急性心筋梗塞」よりも「心疾患」の保障を選ぼう
- □ 「脳卒中」よりも「脳血管疾患」の保障を選ぼう

契約日から90日間は免責期間があり、この期間にがんと診断されたら保障対象外になりますので、知っておきましょう。保険には支払い要件が細かく設定されているため、契約後に気づいてトラブルになるケースもあります。ただ、保険会社の営業マンから説明を受けていなくても、申込書に署名している以上すべての内容に合意していることになるので注意が必要です。

保険の契約時には、決して焦らずじっくりと検討する時間を持っておくことで、不必要な保険に入るリスクも減り、適切な保険に入ることができます。

三大疾病の保障は対象にならない疾病もあるので、保険証券を見て不明な点は保険会社に問い合わせしましょう。

女性は出産時期には手厚い医療保険に入ったほうがよい

出産一時金だけで賄えるものではない

出産は女性の身体に大きな負担がかかります。特に、出産する際に帝王切開になることも多く、厚生労働省の調査では令和２年度の一般病院の分娩件数３８０８６件のうち、１０４１７件が帝王切開なのです。27・４％もの人が帝王切開を行っていると考えると、医療保険は必要性が高いと言えるでしょう（**図表１**）。結婚後、出産が終わるまでは女性は男性よりも医療保険の必要性が高いのです。

自然分娩の費用と帝王切開の費用の比較をしてみましょう（**図表２**）。

実は、帝王切開の場合、分娩費用が保険適用となるため、実際にかかる出産費用よりも少なくなります。出産一時金が42万円もらえますのでこの金額で足りてしまうこともあるでしょう。そう考えると、医療保険は不要だと思う人もいます。確かにそういう意見もあるでしょう。

ただ、この金額は病院によってもかなり違いますし、妊娠にかかる費用は何も出産時だけではないのです。出産前に病院に通院するにも保険適用にならずお金がかかるケースも多くあります。出産でかかるトータルのお金を考えると、決して出産一時金だけで賄えるものではないのです。

そう考えると、出産時に収支をプラスに持っていくことで、出産前にかかっていた費用をある程度賄えることができると家計にとっては非常に助けになるでしょう。

また、出産は女性にとってとても体力のいることです。非常に肉体的にも精神的にも疲れます。そうした苦しい状況において、給付金をもらえることは精神的な面でプラスの効果もありますので、そうしたメリットも医療保険にはあることを忘れてはいけません。

医療保険があることで、安心して出産できる

医療保険に加入した場合、帝王切開で請求できる保険金は次の通りです。

10日程入院をして、手術をするという一般的なケースで考えましょう。一例として、「入院給付金１００００円＋入院一時金20万円」の医療保険に加入したと仮定します。

保障内容	受け取れる給付金
入院給付金	10,000円×10日＝100,000円
入院一時金	200,000円
手術給付金	100,000円
合計	400,000円

さらに、帝王切開になった時のために手厚いプランを考えてみましたので参考にしてください。こちらは29歳女性の10年定期型の医療保険です。医療保険は本来、保障期間が終身である契約が多いのですが、10年定期にして保険料を引き下げ、その分保障を手厚くしてあります。

〈手厚いプラン〉

	保険金額
入院	20,000円
女性疾病入院	10,000円
入院一時金	200,000円
手術	200,000円
通院	10,000円

このプランで、仮に10日入院して、帝王切開をしたらいくら給付金をもらえるのでしょうか。

図表1 分娩件数の年次推移

	一般病院					一般診療所				
	分娩件数	帝王切開娩出術（再掲）		帝王切開を除く無痛分娩（再掲）		分娩件数	帝王切開娩出術（再掲）		帝王切開を除く無痛分娩（再掲）	
		件数	分娩に占める割合（%）	件数	分娩に占める割合（%）		件数	分娩に占める割合（%）	件数	分娩に占める割合（%）
平成20年（2008）	47,626	11,089	23.3	…	…	42,792	5,553	13.0	…	…
23（2011）	46,386	11,198	24.1	…	…	40,309	5,464	13.6	…	…
26（2014）	46,451	11,543	24.8	…	…	38,765	5,254	13.6	…	…
29（2017）	41,778	10,761	25.8	…	…	35,175	4,926	14.0	…	…
令和2年（2020）	33,086	10,417	27.4	3,578	9.4	31,847	4,671	14.7	2,430	7.6

注：平成 23 年の数値は、宮城県の石巻医療圏、気仙沼医療圏及び福島県を除いた数値である。
出典：「令和２（2020）年医療施設（静態・動態）調査（確定数）・病院報告の概況」（厚生労働省）

図表2 自然分娩と帝王切開の費用の比較

各年９月中

	自然分娩	帝王切開
入院費	12万円	20万円
分娩費	25万円	6万円（保険適用のため）
新生児管理保育料	6万円	10万円
産科医療補償制度	1.6万円	1.6万円
赤ちゃんの検査費用	5万円	5万円
合計	49.6万円	42.6万円

※地域や医療機関により異なり、差はあります。
出典：ステルセル研究所　HP

もちろん、帝王切開をせずに自然分娩の場合は、受け取れるお金はありません。ただ、こうしたプランに入ることで高額な保険金を受け取ることもできるので、知っておいて損はないでしょう。将来、高齢出産のリスクがある人には、特にこうしたプランが有効でしょう。医療保険は年齢に応じて保険料は上がっていきますが、20代での1歳経過ごとの保険料の値上げ幅は小さいので、妊娠リスクを考えたタイミングで保険に入れば十分間に合うでしょう。医療保険があることで、安心して出産に備えることができるでしょう。

保障内容	受け取れる給付金
入院給付金	20,000円×10日＝200,000円
女性疾病入院	10,000円×10日＝100,000円
入院一時金	200,000円
手術給付金	200,000円
合計	700,000円

※その後の通院の保障もあるので、さらに安心でしょう。

保険は一生涯の払込み総額を計算してから入ったほうがよい

医療保険を検討する上で、毎月あるいは毎年の保険料を見て、検討している人が多いと思います。それ自体、決して間違いはありません。ただし、保険契約は払込期間が決まっているものや終身払いのものなどさまざまな種類があります。終身払いの人は、平均寿命（男性81歳、女性87歳）で構いませんので、その年齢まで保険料を払い続けるといくらになるのか。その保険料を回収するには、どの程度の入院や手術、特約の一時金の受け取りがあるとペイするのか。長期的な視点を確認しながら決めていく必要があります。

終身払いか65歳払いかで払い込み総額は違ってくる

事例①　35歳男性の医療保険の保険料から説明します。（**図表1**）

図表をご覧ください。この保険は、割とバランスの良いタイプの保険だと思います。医療保険に特約を付けることで、がん保険の役割も担っているので、がんと診断されれば、一時金で１００万円もらえる保険です。がん保険を不要と考えても問題はないでしょう。ただし、がんだけなく三大疾病ですから、心疾患および脳血管疾患も補償しているので、安心です。

がん以外の心疾患や脳血管疾患は、保険会社によって支給要件が細かく異なっているので、入る前にしっかり確認しましょう。がん保険の問題点はがんのみに特化しているため、がんにならなければ1円ももらえないことです。生きていれば、さまざまな病気にかかるリスクがあります。がんだけに注意してがん保険に契約するのは、あまり得策ではないでしょう。死亡原因のうちの約50%が三大疾病と言われていますので、がんだけなく、せめて三大疾病の備えがあった方が安心です。

こちらの保険のポイントとしては、払込期間に注意が必要です。医療保険の保険期間は、多くの保険会社で終身となっていますが、払込期間は自由に設定可能です。**図表1**の月払い保険料A案とB案を見てください。一番長い期間（終身払い）に設定をすれば、保険料は一番安くなります。例えば、同じ保障で払込期間を65歳に設定したら、毎月の保険料は約９０００円となります。

終身払いで、保険料は約６０００円でしたが、65歳払済みにすると保険料は約９０００円となるため、毎月で＋約３０００円保険料がアップします。年間にすると、３万６０００円です。家計への負担も少なくない金額です。ここで使用した保険料は仮の数字です。保険会社によって異なりますので、ご自身で確認しましょう。

毎月の負担だけを考えると、それなら終身払いが良いかとなりますが、ここで考えなければならないのは、一生涯でいくらの保険料になるかです。比較していきましょう。

比較してみると、差額がほとんどないことに気が付きます。そこで、自分は平均寿命よりも長生きしそうだなと思う人や66歳以降に保険料の支払いをしたくない人は、65歳払い済みを選択すれば良いし、今この時点での保険料を少しでも引き下げたい人は、終身払いを選択すれば良いでしょう。

大事なことは、なぜ自分がそのプランを選択したかという点を論理的に説明できるかどうかです。

割安な終身払いで手元資金を確保する

私のおススメは、終身払いです。保険料は確かに死ぬまで支払いが発生しますが、今手元に少しでもお金を持っておくことこそ、病気になった時に一番大事なことだと思うからです。その手元にあるお金を運用すれば、さらにお金は増える可能性があります。

あとは、保険料免除特約などを付帯することで、一生涯の支払いリスクをある程度回避することもできます。そのあたりも踏まえて、考えるとより良いでしょう。

そして、保険料は期日まで払い続ける必要があることを改めて、理解しておきましょう。保険は、住宅の次に大きな買い物と言われていますが、その理由は総額の保険料が大きいからです。

保険契約を人間関係だけで決めてはいけない

これだけの支払契約を、人間関係だけで決めてはいけません。会社の元同僚がその後、保険会社に勤めたから、そこから入った。あるいは親戚で保険会社に就職した人がいるから入ることになったとか、付き合いで契約をすることがないよう注意しましょう。

保険に入るきっかけはどんな形でもよいと思いますが、アフタフォローがある代理店から入った方がベターです。保険金請求の際に質問ができたり、気軽にやり取りができる人から入ると安心です。

図表1　事例①　35歳男性の医療保険の保険料の例

保障内容	保険金額
入院	日額5,000円・60日型
先進医療特約	2,000万円
入院一時金	20万円
三大疾病一時金特約	100万円

（上記保険に対応する支払い保険料）
月払いの保険料A：約6,000円（保障期間および払込期間を終身）
月払いの保険料B：約9,000円（保障期間は終身、払込期間を65歳）
※（保険料は、保険会社によって異なるため、概算で表記）

月払い保険料A案とB案の違い

払込期間	払込総額（35歳から払込んだ場合）
終身払いプラン(A)	約6,000円×46年×12カ月＝約331万円 （平均寿命である81歳まで（46年間）払い続けたと仮定）
65歳払済プラン(B)	約9,000円×30年×12カ月＝約324万円

※総額で払込期間を計算。

がん保険の保障内容とサービスの読み方

美容院派かヘアカット専門店派にするかを検討する

がん保険の加入率はどれくらいなのでしょうか？　まずはそこを確認しましょう。

【図表2】
がん保険の世帯加入率：66・7%
医療保険の世帯加入率：93・6%
（生命保険文化センターの生命保険に関する全国実態調査）

がん保険は医療保険と比べると加入率は低いのですが、世帯加入率が66・7%ということは、半分以上の世帯で入っていることがわかります。

これだけ、がん保険の加入率が高いのは、「2人に1人ががんになり、亡くなる人の3人に1人ががん」であることが世間に多く広まっているからなのでしょうか。日本でがん保険を初めて販売した外資系A社は約1500万件の契約を保有しています。日本の世帯数を5000万世帯としてがん保険世帯加入率から算出すると、契約世帯は3335万世帯となり、シェアでは約45%となります。

このため、がん保険を知るには、がん保険のパイオニアである保険会社A社の保障内容を知ることがまず大切です。最近は各社からさまざまながん保険が発売されていますが、特徴的なポイントを**図表1**にまとめました。

A社は幅広い保障が特徴です。がんに対する治療に必要なものがオールマイティに含まれています。ただし保険料は高めの設定になっています。そのため、必要な保障をカスタマイズしたい人にはあまり向きません。

保障内容を自分で理解できることが大事

保険を契約する上で、一番大事なポイントは「保障内容を自分で理解できること」につきます。なぜなら、保障内容を理解していないと、どんな時に請求できるかがわからず、請求漏れが起きてしまう可能性があるからです。できれば、シンプルな保険に入っておきましょう。どういう時にいくら出る（保障される）のかわかっていると、安心できます。

目安としては、何も見ないで自分の保障内容が話せるぐらいになりましょう。そうでないと、恐らく自分の理解の範疇を超えているので、再検討した方が良いのです。

がん保険は契約した後に待ち期間という保障されない期間が3カ月設けられています。がんの疑いがある人への給付金支払いを避け、公平を期するために待ち期間があります。その点、待ち期間の間の保険料を免除するような保険会社も現れています。これは、契約者にとっては、助かるものです。

最近流行しているネット保険も注目されています。こちらの商品は主にネット上で完結できる仕組みになっているため、保険代理店を介さない分、保険料が割安になっています。

あなたは美容院派それともヘアカット専門店派？

一方で保険代理店が身近にないと、商品の中身を詳しく聞いたり、あるいは自分にはどういうプランが良いかなどアドバイスが受けられません。分かりやすい例えで説明すると、人は必ず髪を切ります。「美容院」または男性なら「ヘアカット専門店」（最近は女性や子ども客も増加）に行く人も少なくないと思いますが、やはりサービスに違いがあります。

美容院は約1時間かけて、髪を切っていきます。髪型の相談にも乗ってくれますし、何より仕上りのデイテールが違うので、細部までこだわりたい人向けです。一方、最近流行のヘアカット専門店では10数分・1200円程度でしっかり髪を切ってもらえますが、カット時間が限られているため、ディテールにこだわることができません。

このように、保険も2極化が進んでいます。自分で保障内容を決められる人は、ネットで簡単に入ることができます。詳しい内容の説明を聞いてから入りたい人は、保険の募集人から詳しく話を聞きましょう。

医療保険の特約でがん保険に加入する方法がある

がん保険は、告知が医療保険に比べて簡素化されているので、特定の疾病の人でもがん保険には入ることが可能です。それだけがん保険は入りやすい保険なのです。

ただし、医療保険の際にも説明をしていますが、医療保険とがん保険の2つの保険に入ると、支払い保険料は高くなりがちです。解決策として、出来れば医療保険に特約としてのがん保険に入ることです。がんの保障は少なくなりますが、保険料を一定に抑えることができます。

現在、さまざまなモノやサービスが高騰しています。家計を守る上では、固定費である保険料を掛け過ぎないことはとても大事なことです。保険は、掛け過ぎに注意して、一定の保険料で抑えるようにすべきです。

図表1 がん保険を扱う各社の特徴

	がん保険の特徴
A社	所定のがん検診を受けて、医師の要精密検査の判定により、精密検査を受けた際にお金が1年に1回2万円もらえる。
B社	契約からがんの保障の開始までの３カ月間は保険料が発生しない。
C社	シンプルな保障設計が可能。保険代理店を介さないため、保険料が割安。

図表2 医療保険・がん保険の世帯加入率

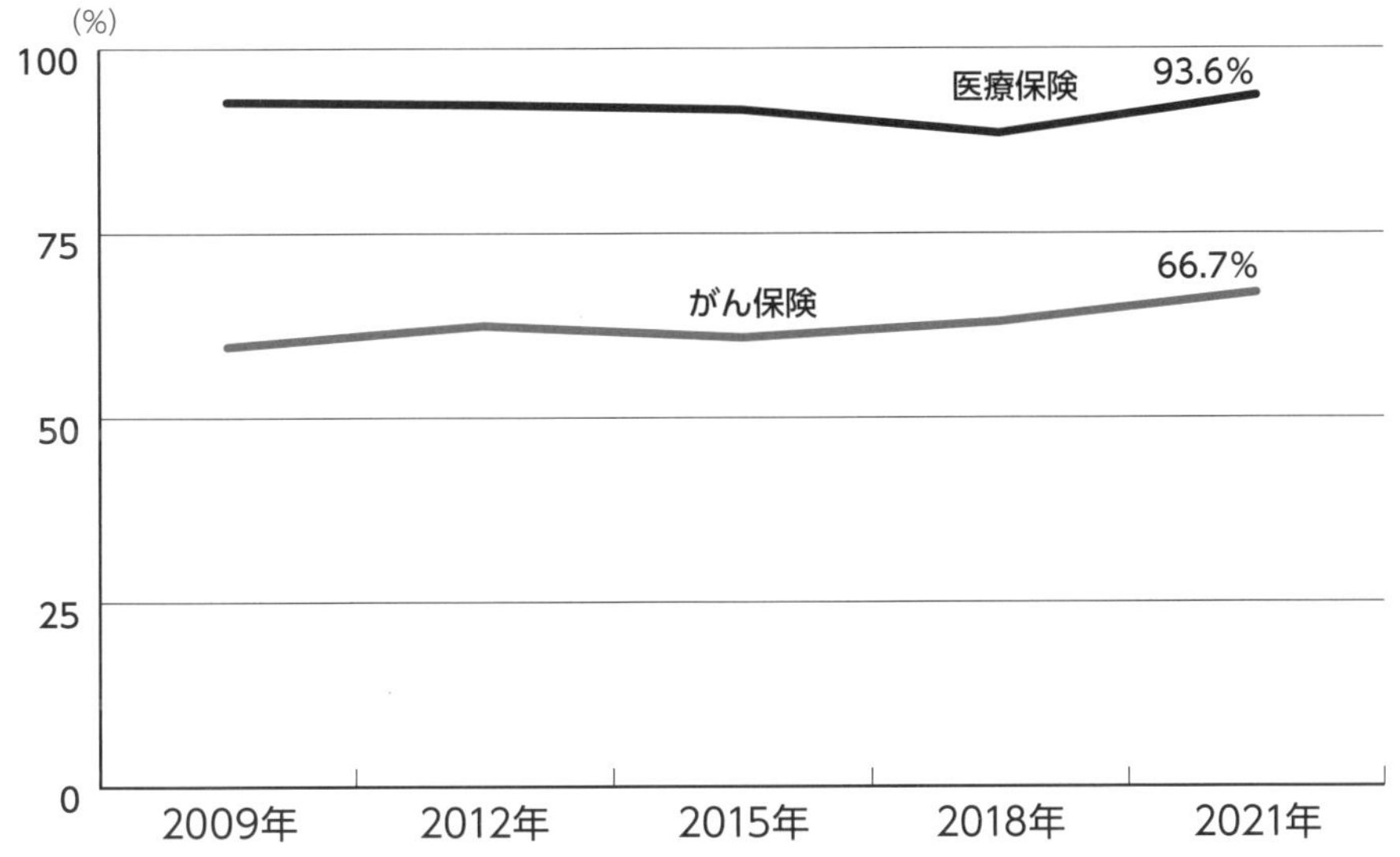

(注) ともに特約での加入を含める
出典：生命保険文化センター「2021 年度生命保険に関する全国実態調査」

時間とコストを節約するか、それともじっくり相談してもらうか。

がん保険が必要な人・そうでない人

加入年齢での損得判断を考える
貯蓄でリスクへの備えも

がん保険は、がんという国民病に特化した保険です。疾病を特定している分、保険料は医療保険よりも割安です。がん保険が必要かどうか判断する上で自分が、がんにかかりやすいかどうかがわかれば、がん保険加入の判断がしやすいと思います。がん保険の話をしていると、「私はがん家系だから、がん保険に入っている」という人がいます。がんは本当に遺伝するのでしょうか？

がん発症3要因となる加齢、環境、遺伝

この問題については、「がん細胞そのものが遺伝することはありませんが、がんを発症しやすい体質が背景にある場合、その体質が親から子どもに伝えられる可能性があります」（がん研有明病院のHP）と記載されています。がんは3つの要因で発生すると指摘され、①加齢によりDNAが損傷する加齢要因、②生活習慣、紫外線、喫煙などの環境要因、③遺伝的（体質）要因の3つです。

がんが発症した全体の原因のうち、およそ5～10％は遺伝的要因である遺伝性腫瘍と言われています。遺伝性腫瘍とは、「がんの発症に関係する抑制遺伝子の異常が原因で、生まれた時から特定のがんを発症する可能性が高い体質のこと」です。遺伝性腫瘍は親から子へ50％の確率で伝わると言われます。あながち、がん家系という言葉は間違いと言い切れません。

「がん」そのものが子に受け継がれることはありませんが、遺伝性腫瘍は、体質として親から子に受け継がれることもあります。また環境要因についても、例えば食生活や睡眠時間なども親の影響を受けることが多いので、がんにつがるリスクになります。

男性と女性では罹患リスクの高まる年齢が異なる

生涯でがんに罹患する確率は男性63％、女性48％となっているので、男性の方が高いことがわかります。保険料も同年齢で比較すると、男性の方が、がん保険の保険料が高いことが分かります。またがんの発症年齢を見ると、とても興味深いデータがあります。

・男性は、60歳を超えてから、がん罹患率が一気に高まります。
・女性は、30歳からも乳がんのリスクが一定程度あります。

図表1、2は、国立がん研究センターによる全国がん部位別年齢階級別推定罹患率「がん情報サービス『がん登録・統計』（診断年2013年）」です。男性の場合、高齢になればなるほど、がん罹患率が上がっています。一方、女性は、30代から乳がんのリスクがあることが分かります。

こうしたデータを参考にして、がんへの備えをしていきましょう。

がんは、統計的なデータがたくさんあります。男性はがん保険が必要な時期は50歳以上からだとわかります。それでは、50歳でがん保険に入った場合の保険料を見ましょう。同じ保障で35歳に入った場合と比較してみると、よりわかりやすいです。

補償内容は、ごく一般的な保障で、がんの診断給付金100万円、がんの先進医療特約、抗がん剤・ホルモン剤治療給付特約、がん入院1日1万円のプランです。保険料は、非喫煙者35歳だと月約3000円（仮）となります。ところが、50歳になると、月約6000円（仮）にアップします。

加入年齢での損得を計算 若い時期の加入が有利に見えるが

例えば、60歳でがんになったと仮定して、それまでに払う保険料

を計算しましょう。35歳の人は、25年間約３０００円（仮）を払い続けますので、総額約90万円（仮）です。一方、50歳で入った人は、10年間で総額約72万円（仮）となり、50歳加入が有利です。

何歳で保険料総額が同じになりその後、逆転するかというと、65歳です。50歳加入の人が65歳まで15年間払うと合計１０８万円です。35歳の人でも30年間払うと１０８万円で並びます。それ以降は、50歳加入の人の方が、保険料が高くなります。こうして考えると、生涯がん保険を続けるのであれば、若いうちに入った方が良いという結論になります（**図表３**）。

ただし、35歳から65歳まで月約３０００円を30年間払えば、総額１０８万円です。貯蓄ができる人は、貯蓄に回しておけば、がんのリスクへの対処は問題ないでしょう。概ね、がん治療は１００万円以内におさまるとのデータもあります。若いうちから備えるのであれば、貯蓄をするというのも重要な選択肢です。

図表1

男性のがん部位別推定罹患率

（年齢は5歳ごとの階層別）

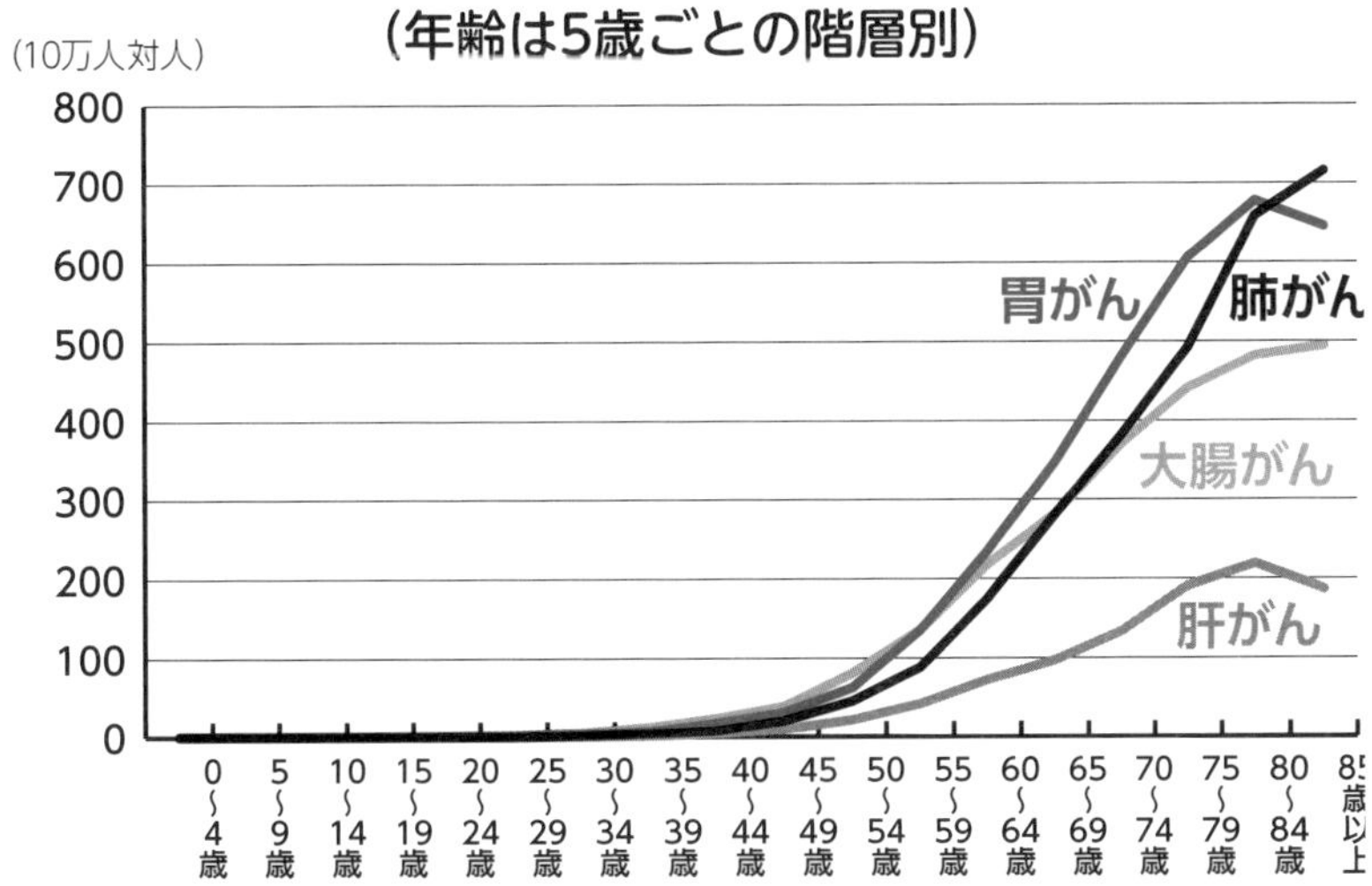

出典：全国がん部位別年齢階級別推定罹患率「がん情報サービス『がん登録・統計』（国立がん研究センター））：診断年 2013 年

図表2

女性のがん部位別推定罹患率

（年齢は5歳ごとの階層別）

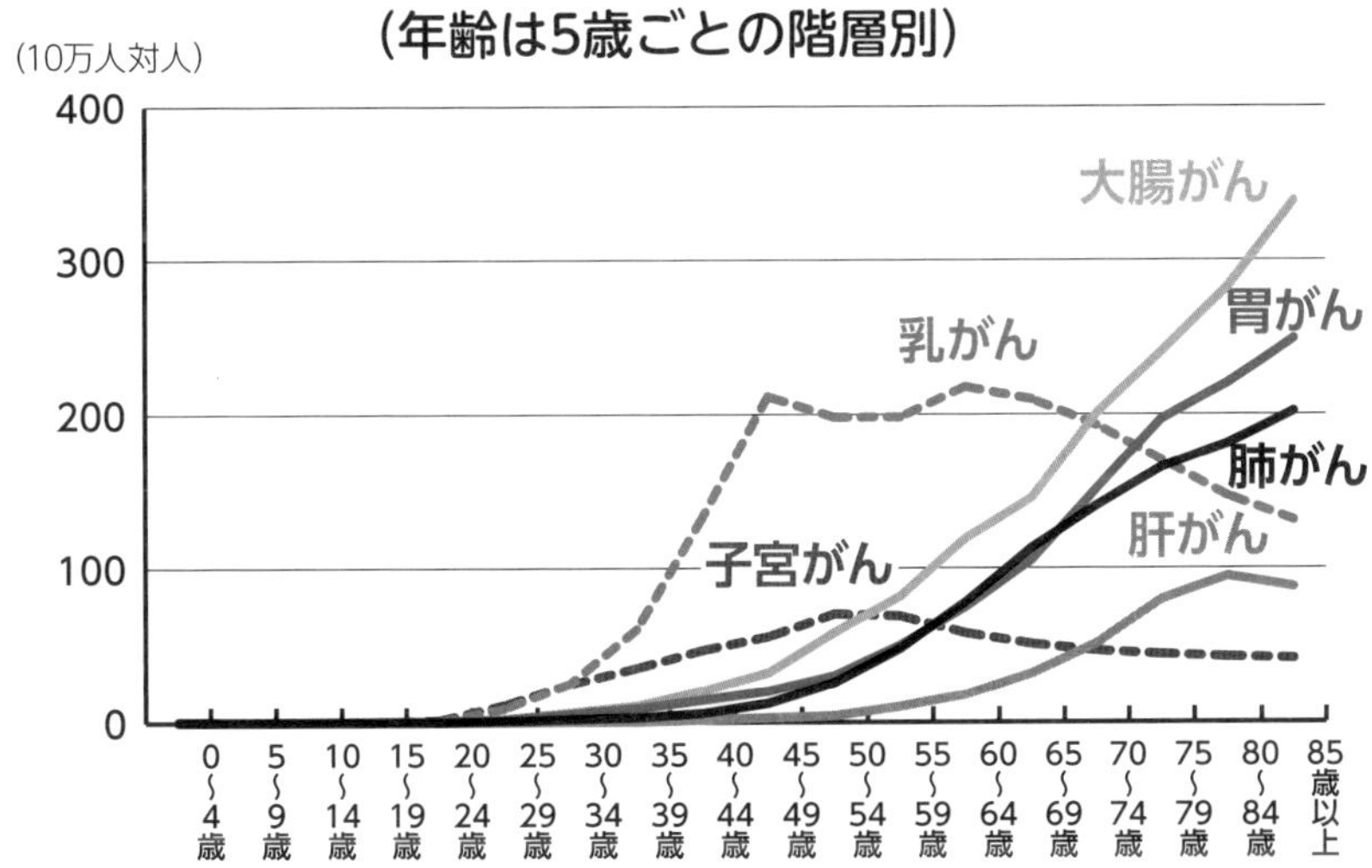

図表3 **保険加入年齢と保険料を比べると**

【加入の前提】

35歳でがん保険加入
月保険料3,000円

50歳でがん保険加入
月保険料6,000円

支払い総額を60歳と65歳時点で比較

- **60歳でがんになった場合の支払い保険料**
  35歳で加入　25年間で**90万円**　＞　50歳で加入　10年間で**72万円**
- **65歳でがんになった場合の支払い保険料**
  35歳で加入　30年間で**108万円**　＝　50歳で加入　15年間で**108万円**
  （66歳以降は35歳加入の方が支払い総額は少なくなる）

独り暮らしにとって介護保険はなくてはならない保険

介護保険の必要性

介護保険は、医療保険やがん保険と比べると、加入率が低い傾向にあります。実際に生命保険文化センターが出している調査では、介護保険の加入率は、16・7％（2021年実績）です。医療保険に比べると非常に低い加入率です。最近は、医療保険の特約に介護保険がつけられるので、単体で介護保険に加入しない人も増えているのかもしれません。しかし介護保険の保障はとても必要性が高いものです。

介護費用の平均は581万円

特に結婚せず生涯独身で生きていく人にとって、介護は必ず必要になるテーマです。家族がいれば家族介護もあり、さまざまなサポートを受けられる可能性があります。夫であれば、妻のサポートがあったり、逆もまたしかりです。子どもがいたら、子どもが世話してくれることもあるでしょう。

その点、独身の場合は介護を外部委託する必要があります。いわゆる施設を利用することになります。施設に入るには、それなりのお金がかかります。そのお金を働いているうちに自分で貯金ができる人なら、介護保険は不要です。

しかし保険全般に言えることですが、貯蓄をコツコツできる人は、意外と少ないものです。手元にお金があれば、使ってしまう人が結構多いと思います。将来、介護になった時に貯蓄ができなかったリスクを考えて、介護保険に入っておくのは選択肢として覚えておきましょう。人は死ぬ前に介護が必要になる可能性は高いです。

介護にはどのくらいお金がかかるのでしょうか。介護には大きく分け、一時的な費用と、月々の費用の2つの費用があります。

生命保険文化センターの調査（図表1）によればこれらの介護費用は平均すると、61・1カ月かかると言われているため、総額にすると、581万1300円かかることになります。このぐらいのお金が生活費とは別に介護をしてもらうためにかかるわけですから、注意が必要です。

介護費用が高額なのは時間がかかるため

病気になった時にかかる治療費よりも介護の費用は高額になりがちです。なぜなら介護は、時間がかかるからです。介護期間についても平均で61・1カ月ですが、身体が悪くなればさらに期間が伸びることも考えられます。

施設に入れれば、追加でお金がかかります。介護にかかるお金を貯蓄できない（ムリ）と思う方は、介護保険を検討しましょう。今は、医療保険の特約で入れるので、それを検討しても良いでしょう。

参考に要介護1で受け取れる要介護一時金の保険料の例を示すので、目安にしてください。

（事例）50歳　女性　終身払い
医療保険　入院日額3000円
介護一時金500万円（要件は要介護1になった時）
保険料・月約8000円（年9・6万円）※保険料は保険会社によって異なりますので、ご自身で確認してください。

介護保険は、医療保険の特約になります。例え90歳で要介護1になった場合を考えてみます。90歳までの40年間の総額保険料は、約384万円です。90歳で要介護1になれば、500万円もらえますから、約116万円をプラスで得たことになり、元が取れたことになります（数字は仮の数字）。

このように総額以上の保険金を想定し、その金額以上の保険金を受け取るには何年かかるかをシュミレーションしていくと、保険のことがよくわかります。要介護１の人口は、約１２０万人いますので、介護になる人は少なくありません。

介護保険は将来の自分におカネを渡すようなもの

人間は、将来のことを今ある問題として、考えるのが苦手です。目先の物や利益にとらわれてしまいがちです。例えば今手元にあるお金で旅行をすれば、楽しい時間が過ごせますが、そのお金を株式などの投資に回したら、いずれそのお金が将来使えるわけですから、とても意義のあることです。でもすぐに何か得られるわけではないので、投資をしたいと思えません。

保険も同じで保険料を払うことで、すぐに何か得られないのですが、将来の自分にお金を渡すような感覚を持つと、良いのではないかと思います。ただ、保険は保険の支払要件が実現しないと、保険金をもらえない点は、注意が必要となります。

図表1

介護にどのくらいお金がかかるの？

一時的な費用の平均：74万円

一時的な費用としては、住宅リフォームや介護ベッドの購入など。これらは介護保険が適用となるため自己負担が１割〜３割となり、実際にかかった費用よりも少なく済みます。

月々費用の平均：8.3万円

通所型サービスであるデイサービスを利用したり、お風呂に入れてもらうため訪問型介護を利用したり、施設への短期入所などがあります。

平均介護期間：61.1カ月

かかる費用合計は

74万円 ＋ 8.3万円×61.1カ月 ＝ 581万1,300円

出典：生命保険文化センター「生命保険に関する全国実態調査／ 2021 年度」

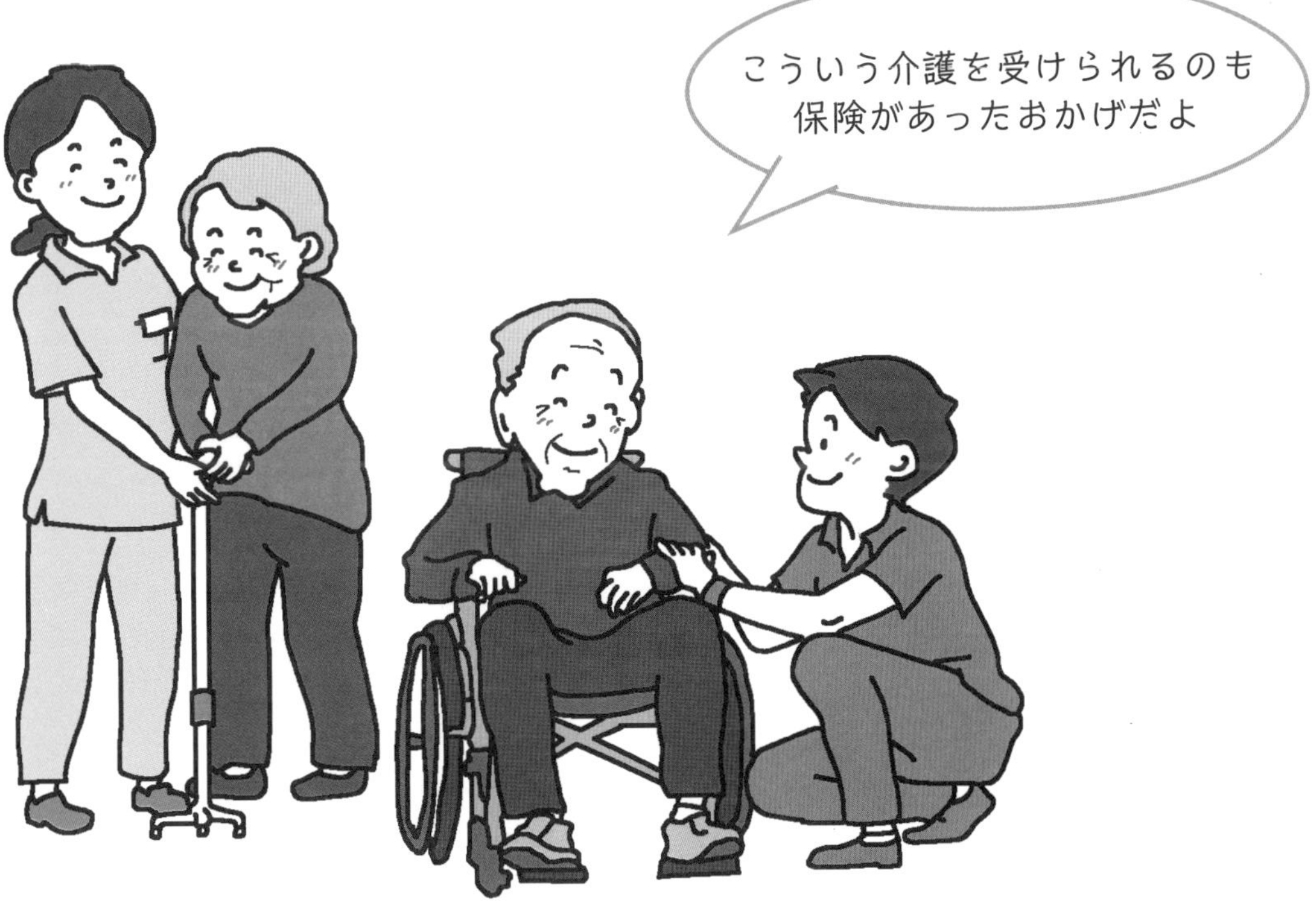
こういう介護を受けられるのも
保険があったおかげだよ

実費型は貯蓄が少なく治療費の捻出がむずかしい人向け

最近流行している実費型の保険

医療保険には、実費型と日額型の2種類があります。ほとんどが日額型であるため、実費型をご存じない人も多いと思います。実費型とは、健康保険の3割負担部分を保障するため、自己負担なく治療ができる保険です。

実費型は入院時に手厚い保障がある

例えば、入院して個室に入ったら、差額ベッド代がかかりますが、日額型だと、1日当たりいくらと決めた保険金が入院日数に対して受け取れます。ある保険会社を例に説明すると、実費型では基本3万円を限度に（1万円あるいは1万5千円も選択可能）×入院日数を実費で補償します。入院して大部屋に入ったので、差額ベッド代がかからない場合には、保険金を受け取ることができません。あくまで実際にかかった費用を補償する点に特徴があります。

一方で実費型の保険は、差額ベッド代だけでなく、清掃代行やベビーシッター代など手厚い保障があります。また、診療報酬点数×3円（2円あるいは1円も選択可能）＋食事療養標準負担額などを保障しているため、病気で入院したら、お金の心配がほぼ全くなくなるという点はとても充実した保障内容です。

実費型の課題は必要な時に保険料が段階的に上がること

ただし、こうした実費型の保険は良いことばかりではありません。医療保険で、まずチェックすべきポイントが保障期間です。病気は65歳を超えた時に発症する割合が圧倒的に多いからです。保険会社からすると、65歳以上は、引き受けリスクが高いことになります。

こうした手厚い保障の保険は、10年更新型であることがとても多いのです。保険会社からすると、そうしないと採算が合いません。10年更新型の保険の最大のデメリットは、若い時に保険に入っても、10年後の更新の時に年齢に応じ保険料が上がるため、同じ保障でもかなり保険料が上がってしまう点です。

60代で本当に保険が必要な時に、更新を迎えることになり、保険料が上昇してしまうため、保障内容を下げざるをえないことになります。

ただし実費型の医療保険は貯金が非常に少なく、病気やケガをした時に、治療費の捻出が厳しい人には必要な保険だと言えます。実費型の医療保険であれば、治療費の自己負担をほとんどなしで済ませられるからです。

更新型関連で説明をすると、国内大手生保の主力商品は、10年更新型をメインに販売しています。出産時期の女性や子どもが小さいときなど大きな保障が短期間、得られます。10年更新型で手厚く保障するメリットはあります。ただしそれ以外の理由では、こうした保険を選択しない方が得策です。病気は確かに年齢問わず起きますが、図表1にあるように統計データを見ると、明らかに65歳を超えてから入院する人が増えます。

病気のリスクには貯蓄か医療保険で備える

一方、通常の日額型の医療保険が必要な人は、死ぬまでに病気やケガで入院した時に保障が必要だと感じている人でしょう。日額型の医療保険の大半が終身保障です。基本は更新型の特約がない限り、入った時の保険料から変わりません。お金の将来設計もしやすい点も特徴です。

図表1を見ると、外来（通院）の推計患者は、65歳以上以外の人

も多くいます。しかし入院を見ると、その多くは65歳以上であることが分かります。やはり、勤労収入が下がってくる65歳以降のために医療保険が必要になることがこの資料を見るとわかります。

年金生活者となると、勤労収入がなく2カ月に一度の年金収入で生活をしなければなりません。年金収入だけでは、やりくりが大変になります。ましてや病気で入院をしたら、追い打ちをかけるように治療費が発生します。そうした時に助けになるのが医療保険の本来の役割です。ですから、医療費用はまず貯蓄として備えておき、それでも不安な人が医療保険に入る形で備えたらどうでしょうか。

これから高齢化社会となり、公的な医療保険の保障は縮小されていることが予想されますので、病気のリスクに対しては、貯蓄か医療保険で備えておくと安心です。

医療保険の分野では、新商品という名目で、各社とも商品をリニューアルしています。ただし中身を見ると、それほど変わっていないことが多く、医療保険のメインである保障は、入院保障であることに変わりありません。

図表1　年齢階層別に見た推計患者数

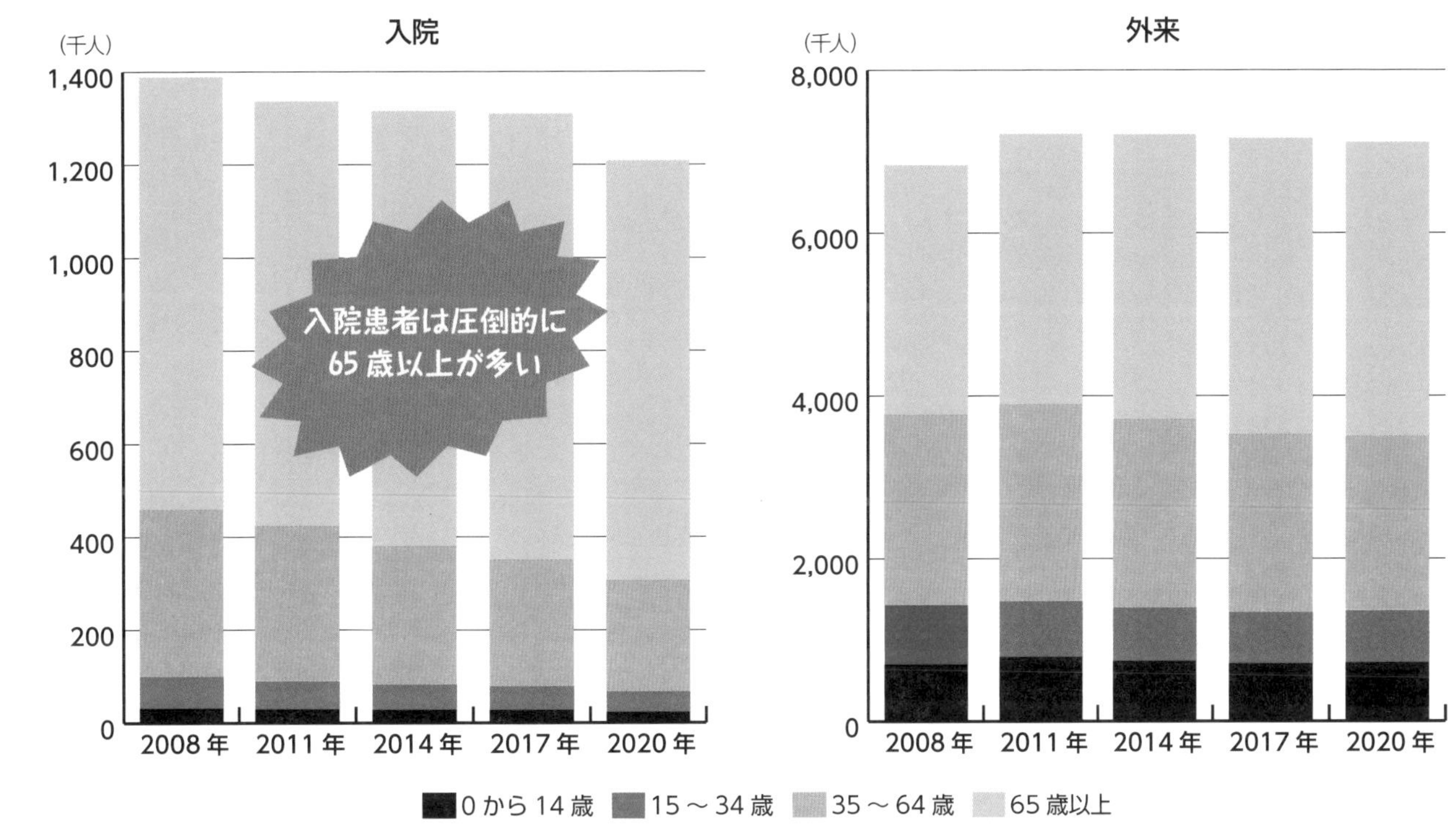

出典　厚生労働省令和2年の患者調査の概況。
2011年については、宮城県の石巻医療圏、気仙沼医療圏、および福島県を除いた数字。

自営業者には手厚い医療保険が必要な理由

自営業者と保険

会社員の場合、仮に病気で休んでも有給休暇を取っても給料は1円も減りません。会社員の最大のメリットは自分が病気で休んでも、毎月の給料が保証されていることです。保障が手厚いのです。

自営業者は健康で働けるよう特に病気になるリスク軽減を

ところが自営業（個人事業主や中小企業の社長など）の場合には、会社員のようにはいきません。個人事業主でも中小企業経営者でも、自分が動かないと売上高が立ちません。「病欠で仕事を休む＝売上0円」となり、治療費のことよりも、売上げのことを第一に考えなければなりません。売上げがなければ、営業しなくてもかかる家賃などの固定費を払うことができません。

個人事業主が入っている国民健康保険では、基本的に傷病手当金はないため、給料の補償もありません。また、社員数人の中小企業であっても、社長がプレーイングマネージャーとして売上げの大半を稼ぐケースは少なくありません。そう考えると、社長の病気による売上高減少のリスクは自営業者にとって、最重要課題となります。

まず、一番に必要なことは、リスクコントロールです。つまり「損失防止を図ること」です。具体的には、病気にならないよう日々の生活に気をつけることです。酒を飲み過ぎたり食べ過ぎたりせずに適度な運動を行い、身体に気を配り、健康な生活を送れるようにすることです。そうすれば病気のリスクは一定程度削減できます。

健康であることは、仕事をする上で、絶対必要条件です。特に自営業者は自分の発揮した能力に対し、収入は青天井で伸びていく可能性を秘めています。会社員と比べると、ハイリスクハイリターンです。ですから、仕事で成果を上げるための準備をしっかりすることで、リターンを多く得られる可能性があります。

自営業の人なら終身で月2万円程度の保険料も選択肢

自営業者が保険に入る上で、第一に考えたいのが、「保障の大きさ」です。ただし、注意が必要なのは、3大疾病に特化した保障にしてしまうと、3大疾病以外の病気になった時には、1円ももらえません。自営業者のための売上保証という名目で多く販売されているのが、3大疾病になった際に、一時金として1000万円以上もらえる保険です。こうした保険は、3大疾病になれば、大きな売り上げの補填になります。ただし今後も、新型コロナのほか想定しえないウイルスや病気が発生する可能性もあります。

そこで、あらゆる病気に対応できるように保障期間を終身にして、保障を最大限にすることが大切です。自営業者の場合、男性35歳、終身保障の医療保険を約月2万円ぐらい払えば、3大疾病以外の病気やケガを含めてかなり手厚い保障になります。個人事業主では、そもそも保険料の損金計上が認められていないので、経費にならないのですが、会社を持っていれば、こうした医療保険も法人契約にして、経費で払うことができます。自営業者の方は健康への意識を高め、リスクの軽減を図るとともに、リスクの移転としての保険も考えておくと、さらに安心です。

ストレスを貯めないチェックシート

筆者が考える独自の生活習慣チェックシートを作りましたの

で、ご覧ください。2つ以上当てはまっていると、危険のレベルが高いです。一番初めにチェックをすべきなのは、ストレスです。ストレスと向き合うことが、筆者は健康に生活をするために一番大事なことだと思います。

なぜなら、ストレスがたまると、お酒を飲み過ぎてしまったり、食べ過ぎたり、寝れなくて睡眠不足になったりします。ストレスが原因となって、あらゆる悪い生活習慣につながっていくからです。まずはストレスの元になっているものが何かを分析して、問題点に対しどのように対処していったらいいのかを考えることが、健康の秘訣になります。

さらに筆者のおススメは、「日記を書くこと」です。日記を書くと、自分の気持ちが整理できるので、何が自分にとってストレスになっているのかもよく分かります。自分と向き合う時間を毎日少しでも良いので持っておくと、精神的にもとても良い効果があります。自営業の場合には、自分が商品となりえるのですから、特に大事に扱わないといけないのです。

図表1 生活習慣チェックシート

□ストレスを貯めている
□お酒を飲み過ぎ、たばこを吸い過ぎている
□定期的に運動をしていない
□食べ過ぎ
□睡眠不足

図表2 リスク対策の方法

区分	手段	内容
リスクコントロール	回避	リスクを伴う活動自体を中止し、予想されるリスクを遮断する対策。リターンの放棄を伴う。
	損失防止	損失発生を未然に防止するための対策、予防措置を講じて発生頻度を減らす。
	損失削減	事故が発生した際の損失の拡大を防止・軽減し、損失規模を抑えるための対策。
	分離・分散	リスクの源泉を1カ所に集中させず、分離・分散させる対策。
リスクファイナンシング	移転	保険、契約等により損失発生時に第三者から損失補填を受ける方法。
	保有	リスク潜在を意識しながら対策を講じず、損失発生時に自己負担する方法。

出典　リスク管理・内部統制に関する研究会「リスク新時代の内部統制」から中小企業庁作成。一部文言を編集部修正。

リスク対策の方法を図で表しています。初めに、リスクコントロールを考えて、それでも防ぎきれないリスクに対して、移転または保有をしていくことが大事です。リスク移転とは、保険に入ること。保有とは、保険に入らずに、貯蓄と考えると分かりやすい。

人的資本の高め方

FP（ファイナンシャル・プランナー）の仕事をしていると、なかなかお金が貯まらないという相談を受けることがあります。多くのＦＰは保険料、携帯電話料金、家賃などの削減を提案することが多いと思います。収入を上げるよりも、支出を削減する方が簡単で、効果が高いからです。家計支出のなかでも、特に家計費のうち多くの割合を占めている固定費を削減することで、劇的に貯蓄ができる家計になります。

削減よりも効果的な収入を増やす努力

収入を上げても同時に社会保険料や所得税、住民税の負担も増えるため、上がった分はそのまま自分の手取りにはならないのですが、支出は違います。支出の削減はその削減した分のお金がそのまま自分の手取りになります。そう考えると、いかに効果的であるかご理解いただけると思います。

ただし、そうは言っても支出を削減しているだけでは、自らの成長につながりません。就職した後にも、資格を取得したり大学院に行くなどして、スキルアップする。社内の要職に就いたり、転職をしたりして本業の給料を上げるという戦略をとることも大事な選択肢です。時間はかかりますが、最も効果的な方法です。または副業を頑張って、「会社員＋副業」で稼ぐのか、いずれかの戦略を取ることが大事ではないでしょうか。

どちらの選択肢にも共通している点は、「収入を増やす努力をしていること」です。副業で、収入を増やす努力をすると、自然とスキルが身についていくことでしょう。

ライターを例にすると、副業として取組むことで文章を書く力が養われます。大事なことは、副業をやるのであれば、単なる単純作業ではなく、スキルが身につき、収入が上がっていく仕事をやった方が良いのです。ライターとして成長すると、文字単価が上がり、監修の仕事につながるかもしれません。

会社員の給料を上げる方法としては、真っ先に効果がありそうなのは資格取得でしょう。資格は、初対面の人にも、このスキルがあることを証明できるので、効果が大きいもの。また、英語の勉強も大事でしょう。外資系企業にいけば、実力次第で収入を上げることもできます。いずれにしても、自分のスキルを上げておくことはとても大事なことなのです。

隙間時間を有効に生かす

会社員になると、仕事中はさまざまなストレスと戦っているため、会社から帰宅した後や休日ぐらい、ゆっくりしたいと考えるのが当然でしょう。そういう生き方もあります。ただし、最近は在宅勤務などで、働き方が変わってきて、働きやすい世の中になっています。こうして生まれた隙間時間で自分のスキルアップを目指すのも良いと思います。スキルアップをしておくと、いずれ本人が希望すればですが、会社を退職して、独立開業という選択肢を選ぶこともできる可能性が広がります。

隙間時間の有効活用で収入を
増やす方法がある。

第6章

ライフイベント転換点での見直し事例

人生の転換点となる①子ども誕生、②自宅購入、③子ども独立、定年・年金生活開始など重要なライフイベント時には保険の見直しが必須です。どのような保険に入るべきかだけでなく、どのような保険は止めるべきかも大事な問題です。ライフイベント転換点での保険の選び方・見直し方の基本ノウハウを伝授します。

子ども誕生前に高額保障は必要なし 生まれたら貯蓄状況を見て 死亡保険加入を検討する

結婚し子どもが誕生する前後の見直し事例

男性は、会社に訪問するセールスレディーから提案を受けた大手日系生保の保険に加入しています。総合型の保険で死亡、医療の保障全てを一つにまとめています。特徴は、10年更新型なので、10年後に更新が必要な保険です。

女性は、勤務先の代理店からの提案で、がん保険と医療保険に加入しています。給与天引きで支払いでき、団体扱い保険料となっています。このため保険料は約3％安くなっていますが、グループ保険ではないので割戻金などはありません。通常の代理からの契約で年払いクレジットカード払いの方が保険料が安くなるケースです。

共働きに高額な保障の必要はない子どもができたら加入すればいい

そもそも10年更新型の保険が必要な人は、高額な保障が必要である一方、保険料を安くしたい場合です。現在、この夫婦には子どもはいません。共働き世帯なので特段、高額な保障は必要ありません。このため更新型にする必要はなく、終身型のタイプの保険に見直します。死亡保険は今後、子どもができたら加入すればいいと判断できます。今後、**子どもができ貯蓄が少なければ、死亡保険に加入します。**

医療保険は、月5000円程度で入れます。終身の保障で、今の年齢で入れるので、将来的に保険料が上がることもありません。

男性の見直しメリット

終身型保険に見直したことで更新時の保険の見直しが不要となり、基本的には子供が生まれたら、貯蓄状況を見て死亡保険に入るか考えます。死亡保険が必要な理由は世帯主の死後、残された子どもが満足に教育が受けられないリスクがあるからです。医療保険は特に見直しは不要です。

医療保険は保障内容を一つにまとめる工夫を

女性については、がんと医療にそれぞれ保険をかけていたので、医療保険にまとめます。特約でがんの補償だけでなく、3大疾病に変更。保険料はさほど変わりません。がんだけに特化するのではなく、3大疾病を保障するものに変更することで、保険金を受け取れる確率を上げます。

女性の見直しメリット

保険は複数の保険にばらばらと入るよりも、一つにまとめた方が安くなる場合もあります。がん以外の病気になる可能性もありますので、医療保険の補償範囲を広げ、どのような病気になっても対処できるようにします。

今回の見直しのケースでは、共働きであることから、死亡保障はいらないという形で進めています。子供ができた時には、第一に世帯主が子供ひとり当たりの学費を払える死亡保険に入ることを考えていけば良いのです。女性の方は、死亡保険への新規加入は不要です。女性の場、妊娠のことが気になるのであれば、終身の医療保険ではなく、10年の更新型の医療保険で手厚く保障をもらう選択肢もあります。ただ、10年更新の場合、10年後の見直しが必要な点には注意しましょう。

販売をしている人の話を聞いて保険に入ると、大体、その保険会社が推奨している商品を提案されます。本来保険は、加入する人の話を聞いて、その人にマッチした保険を提案すべきですが、実態はそうではないケースも多々あります。また優秀な営業パースンであるほど、上手に高額な保険料の提案をされるので、注意が必要です。保険に入る前に少し保険について勉強すれば、後悔するような保険加入はなくなるでしょう。

図表1 想定男女のケース①

夫婦のディテール

会社員の共働き家族　男性：30歳　年収：500万円、女性：29歳
年収：400万円で 世帯年収900万円

加入している保険

【男性】大手生保の10年定期型の保険のみ
（保証・死亡1,000万円、3大疾病1,000万円、入院1日当たり1万円）
支払い額 月・1万円　年間12万円
【女性】がん保険と医療保険（終身保障）
支払い額 それぞれ月3,000円で合計月6,000円　年間7万2,000円

図表2 更新型保険 解説

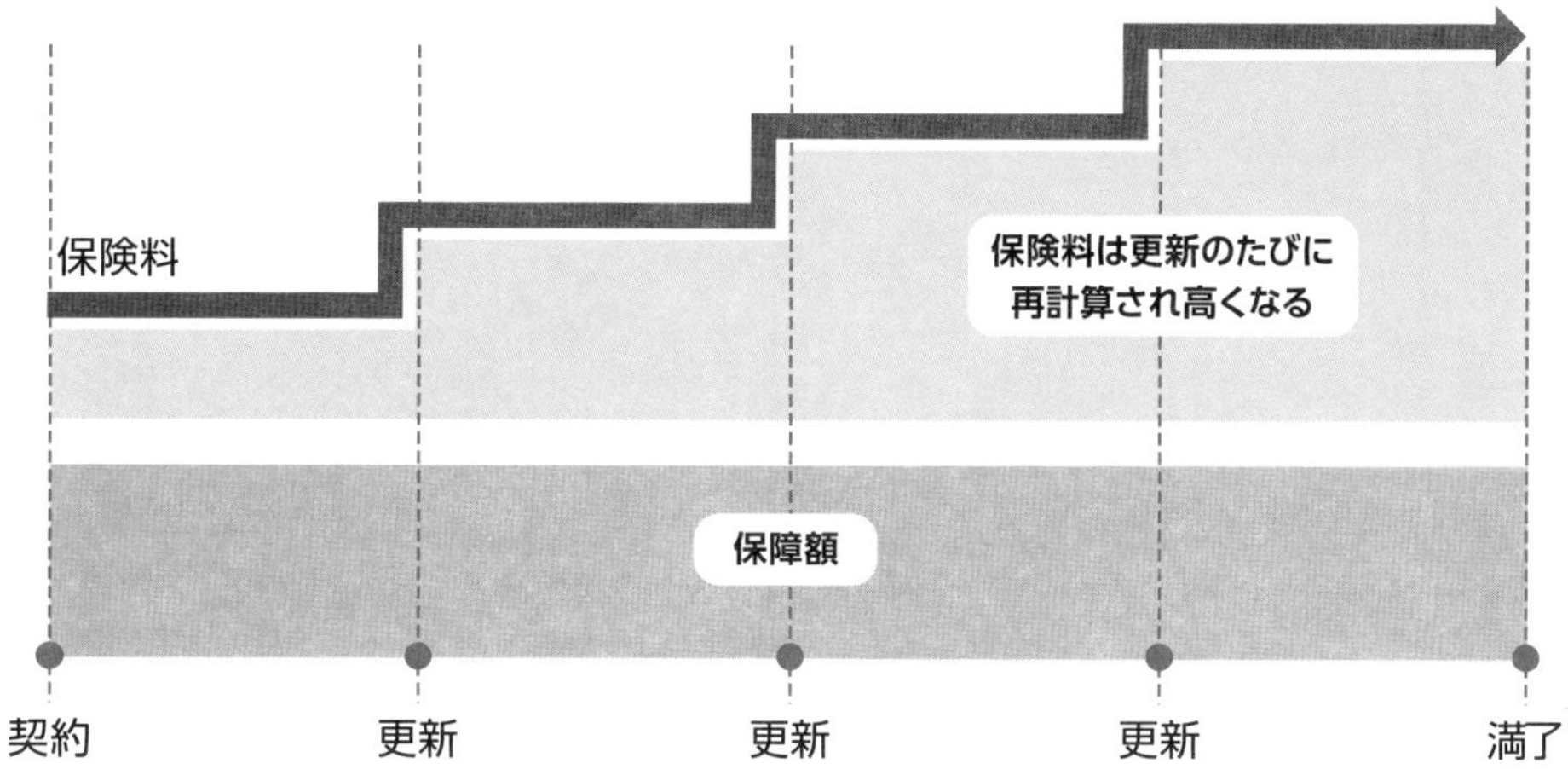

更新型の保険は、更新のたびに同じ保障を維持していくと、保険料が上がります。特に60歳ごろになると、保険料は大きく上がります。加入者は保障を縮小または、解約するケースが多いタイプです。一方で、病気などのリスクも歳を取ってからの方が高くなるため、若いうちに、終身型に切り替えた方が、保険料の負担を抑えることができます。

図表3 終身型保険 解説

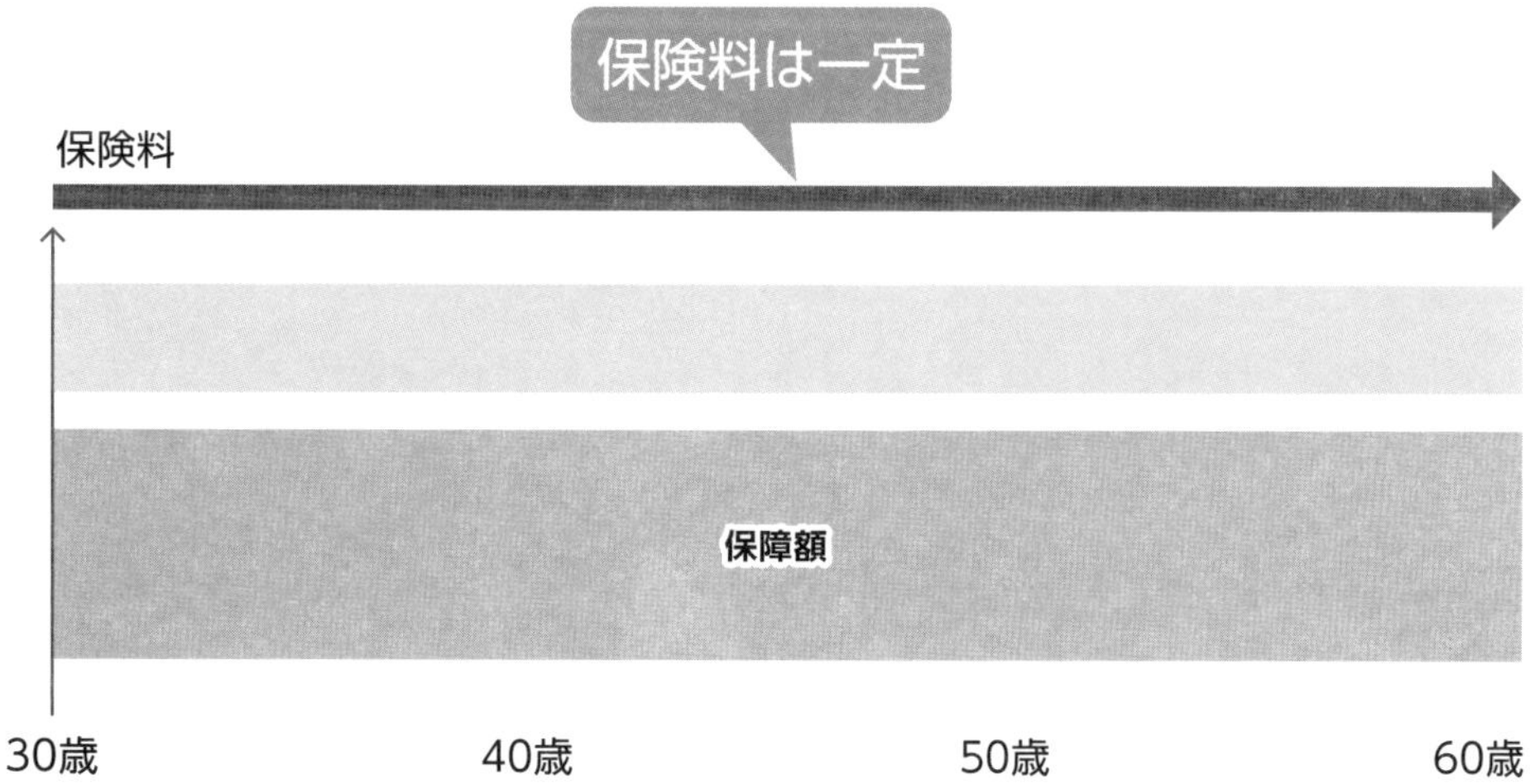

終身タイプの医療保険は、保険料が加入した時の年齢の保険料で決まり、その後は、一定です。大きく保険料が上がることはありません。若いうちに入れば、保険料は安く済みます。ただし支払いは終身払いの場合、一生涯続くので、本当に必要かどうかを精査してから入りましょう。

男性の定期型生命保険を終身型に 女性は医療保険の補償範囲拡大を

自宅購入時の見直し事例

自宅を購入した時の生命保険の見直し方法については、1章で述べていますが、具体的な事例を参考に、より実践的な見直し方法を詳しく解説します。

男性の生命保険は早めに終身型への切り替えを

このケースで男性が加入している保険の注目点は、10年更新の生命保険のみであることです。同じ保障を維持するには、60歳の時に大幅に保険料が上がります。そう考えると、早めに終身型に切り替えた方が60歳以降も保険が必要な人にとっては、賢い選択です。

10年更新型に入るべき人は、60歳になるまで保障を手厚くしたい人で、60歳になったら保険が不要だと考えている人は、こうした保険で問題ありません。

女性は、非常にシンプルな保険に入っています。医療保険＋がん保険に入っているので、非常に手厚い保障となります。

男性は終身の医療保険を選択 女性は医療保険を主軸として保障範囲を広げる

相談内容

マンション購入後の保険はどこを見直せばいい？

将来、子どもが欲しいということで、今住んでいる賃貸住宅では将来的に狭くなるので、分譲マンションの購入を決意。夫のみ住宅ローンを組み、マンションを購入したという事例です。こういう場合、保険をどう見直せばいいかという相談がありました。

このケースでの見直しのポイントは、「死亡保険」です。特に、住宅ローンを組むと、基本的に団体信用生命保険（団信）に入るため、借入額４０００万円の死亡保険に加入したことと同じになります。それでは、今回のケースでの見直し事例を説明します。

【男性へのアドバイス】

男性のケースですが、死亡保険が不要な終身の医療保険に加入しましょう。医療保険は終身での保障が大事です。病気になって仕事ができなくなり、収入が減少するリスクも考えて、**住宅ローンの返済額を払えるようなタイプの特約（総合生活障害保険特約など）も追加することをお勧めします。**

この特約は、例えば、がんと診断されたら、毎月12万円を5年間受け取れます。ただし注意しておきたいのは、がん以外の3大疾病の支払い要件は、心疾患ではなく、急性心筋梗塞であること、脳血管疾患ではなく、脳卒中です。その他にも糖尿病なども支払い要件となっていますが、要件が厳しいため、なかなか支払いが認められないところがあります。

もちろん男性は、団信に入っているため、亡くなった場合には住宅ローン負担の問題は解決できます。ただし、住宅ローンを払う以上、病気によって退職しなければならないなど、一定のリスクがあります。こうした医療保険でリスクヘッジを行うことは大切なことです。もしくは住宅ローンの方にも金利が数%上乗せされるリスクがありますが、三大疾病になった際に、住宅ローンの返済がなくなるオプションもあります。医療保険などと比較すると、良いでしょう。

住宅ローンが減少し、貯蓄が増えるであろう45歳のタイミングで、特約は終了します。このあたりのタイミングは、人によっても大きく変わるので、ライフプランを確認の上、医療保険の期間を決めるのが正しい選択肢です。

保険料は現在と同じ８０００円前後に抑えましょう。掛け捨ての保険を経費にできない会社員は、あまり高額な保険料を払うべきで

図表1 想定男女のケース②

夫婦のディテール

会社員の共働き家族　男性（世帯主）：30歳　年収：500万円　女性：29歳　年収：400万円で　世帯年収900万円

住宅ローン：借入額4,000万円（男性のみ）

加入している保険

【男性】大手生保10年定期型の保険のみ

（保証・死亡1,000万円、3大疾病1,000万円、入院1日当たり1万円）

支払額　月1万円 年間12万円

【女性】がん保険と医療保険（終身保障）

支払額　それぞれ月3,000円で月6,000円

年間7万2,000円

※保険料は全て仮の数字です。

特約付き医療保険
病気になっても住宅ローンを払える特約がついてるから安心だ！

はありません。

【女性へのアドバイス】

がん保険と医療保険に分けて加入をしているので、**がん保険を医療保険の特約として、3大疾病一時金にすることで、補償範囲を広げましょう。**

医療保険を主軸として、がんのリスクに備える方が、今の時代は一般的な気がします。

ただし、がんになりやすい家系であるなど、がんのリスクが高いと思う人は、がん保険で手厚く補償するのもありでしょう。

保険に正解はなく、今回の提案が全ての読者に通じるものではないかもしれませんが、保険を見直しする際に参考にしてください。

START

生命保険が適用されるスタートの日を知っておこう

「申込日」「告知日（保険加入のため告知書に記入した日）」「保険料支払日」のいずれか遅い日から、保障開始となります。ただし、保険会社によっては、「責任開始日に関する特約」というものがあり、「保険料の支払日」を待たずに、「申込日」と「告知日」から保障がスタートする会社もあります。

金融リテラシーを高め保険料を抑えた定期保険などにシフト

子どもの独立・定年・年金暮らしのときの見直し事例

今回は子どもの独立、定年・年金暮らしとの２つの人生のターニングポイントでの保険の見直し事例を紹介します。

子供の独立は、両親にとってとても大きな出来事です。住まいのことでいえば、賃貸住宅なら、子どもが独立後には、狭いスペースに移ることもできます。また定年退職・年金暮らしであれば、都心に住む必要もなく、老後に人生を楽しむことを考えて夫婦２人で好きな場所で余生を楽しむこともできます。

こうした人生でのターニングポイントでは、保険の見直しは必要不可欠です。保険を生業にしている人も、このタイミングを虎視眈々と狙っています。特に金融機関にとって、定年退職時に入る退職金は格好の狙い目になります。

銀行では、退職金のような大口の入金があった際には、行員の間で情報共有されますので、さまざまな金融商品を提案してくることになります。

会社員として長年働いてきて、一度に数千万円のお金をもらうことは初めての経験のはずです。テンションが上がり、何かに使いたいと思う人が多いのもわかります。ただし、このお金は将来の大切な老後資金なので、決してリスクの高いものに使ってはいけません。退職金をパッと使ってしまったら、定年退職以降は稼ぐことがますます厳しくなるので、取り返すことができません。

金融の知識がないと、金融機関の言いなりになってしまい、大事な退職金を目減りさせてしまうリスクもあります。本誌の事例も参考に、金融リテラシーを高めてください。

①子ども独立後の保険見直し
必要なのは定期保険 収入保障保険は解約を

子どもができた時点で、将来的にかかる学費用の貯蓄がない人は、子どもの大卒年齢まで収入保障保険に入った方が良いと説明をしました。子供の独立後も、まだ収入保障保険が残っていたら、解約してください。

今後必要な保険は、終身での死亡保険です。ただし、この年齢でその保険に入ると保険料は高額になるので、できるなら避けた方が良いのです。それでも死亡保険にどうしても加入したい人は、期間が定まっている定期保険にして、保険料を抑えておきましょう。

また、60歳以降に考えるべきことは、死亡保険よりも病気のリスクです。この年齢で医療保険に加入すると、保険料は高額になりがちですが、まだ60歳前なので充分間に合います。今まで入ってきた医療保険があれば、今の治療実態に合った医療保険であるのかを確認する必要があります。問題がなければ、そのまま続けていきましょう。

②定年・年金暮らし（65歳以降）の保険見直し
医療保険は大事だが 貯蓄があれば 無理に入らない

この年齢になると、大きな保障の保険はいりません。必要なのは、病気になった時の保障です。ただし65歳から医療保険に入るのは、あまり得策ではありません。保障内容にもよりますが、支払い保険料が月１万円は超えてしまうでしょう。もちろん老後の生活費とは別に医療費を貯蓄できる人は、医療保険に頼らなくても問題ありません。

定年・年金暮らしになると、今まで貯めた貯蓄を切り崩していく方が多くなります。本来は、好き

図表1 想定家族のケース

男性30歳、女性29歳で結婚をして、1年後に出産。子どもは高校卒業後、浪人や留年もせず大卒後に就職し、5年間は実家から職場に通い、27歳でひとり暮らしをするため独立した場合を想定しています。つまり、夫58歳、妻57歳の年齢での保険見直し事例です。

図表2

年齢が上がるほど入院する人は増える傾向にある

(年齢別に見た受療率、人口10万人当たりの入院人数)

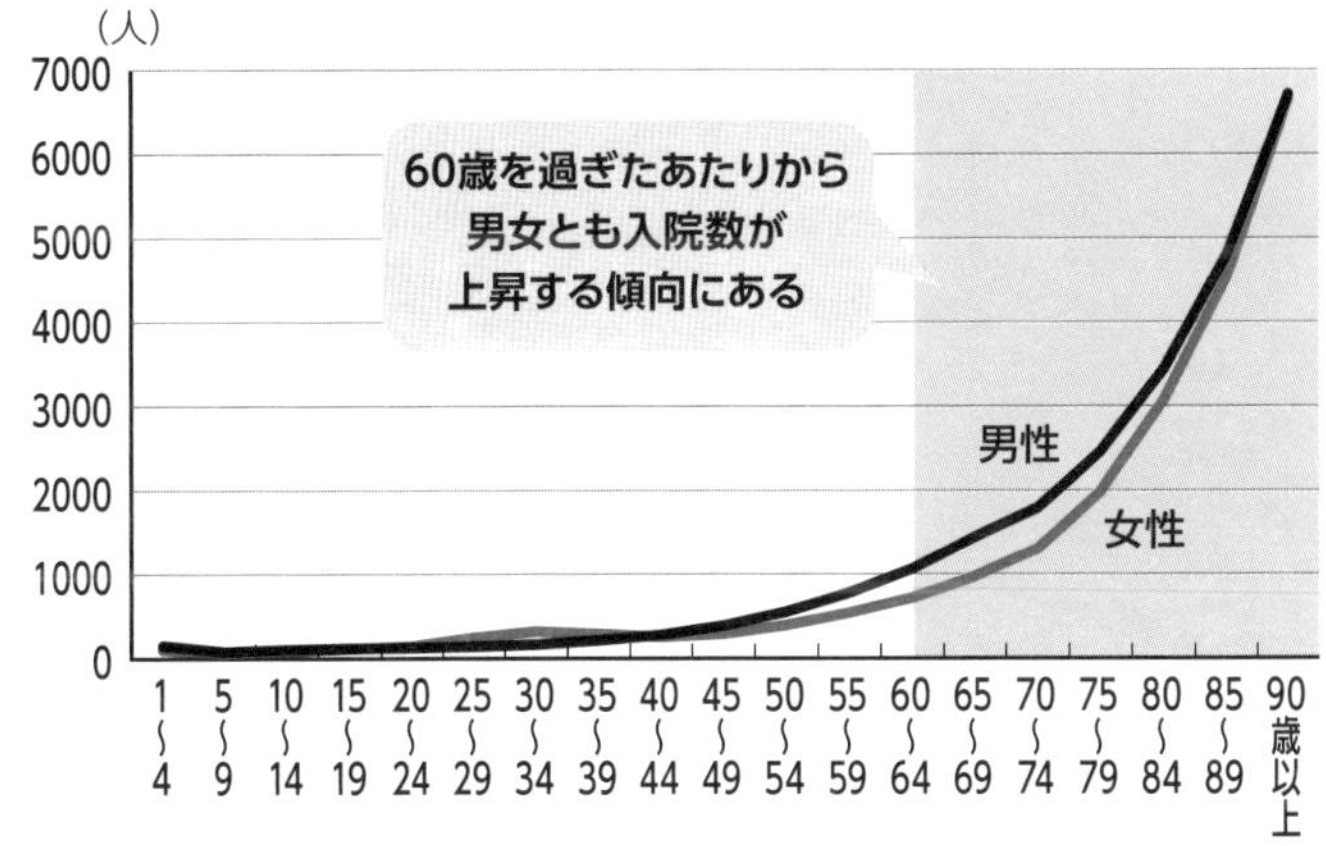

出典：厚生労働省2020年「患者調査」
（注）0歳児の入院者数は除いてある

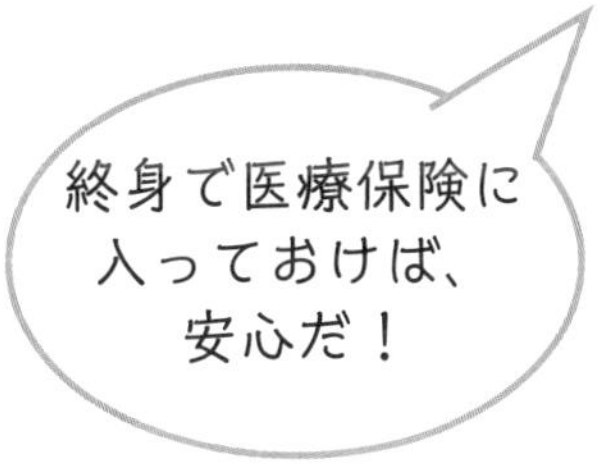

な仕事を生涯やり続けるぐらいの感覚を持つと、人生をより楽しく過ごせるものだと思います。

できる事なら、老後に自分の好きなことをやって、お金に変えれるものがあれば、人生が楽しくなります。仕事を通じた新たな人との出会いだったり、自己成長であったり、人から感謝されたりなど、やりがいに感じることはたくさんあります。

保険料と経済・金融情勢とは関係ある？

保険料を決めるための基礎数値が保険料率と言われるものです。保険料率は、生命保険なら日本人の死亡率や平均余命などに、損害保険であれば自動車の事故率や自然災害を生む気象条件などに影響を受けるほか、保険会社が預かり資産を運用する運用環境にも影響されます。

今後の経済・金融環境を見ると、日本も利上げが進む可能性がないとは言えません。健全な金利上昇ならば、日本の円建ての積み立て型の終身保険の利回りが上がるため、保険料は安くなる可能性があります。ただしすでに契約している保険内容は、料率の改定には基本影響を受けません。契約時に約束した利率が適用されます。

お小遣い制に潜む落とし穴

結婚されてから、妻がお金の管理を行うことは珍しくりません。共稼ぎの場合、夫の収入から毎月決まった生活費を預かり、自身の収入と合わせて妻が管理し、そこから毎月の家賃や住宅ローン、生活費を支払います。夫には毎月、定額のお小遣いを渡します。あるいは、夫が使える決まった小遣い分だけは除いて、妻に一定金額を渡している家計もあります。夫が手元にお金があるとつい使ってしまうから、という理由で妻が管理している家庭も多いでしょう。

この仕組みは、妻が無駄遣いをしないこと、家計の管理を出来ることで、成り立っています。

ランチや飲み代に使っても1万円強は残る

新生銀行で、夫のお小遣いについて行った調査があります。その20歳代から50歳代を対象とした「2022年会社員のお小遣い調査」では、男性の平均お小遣い額は、3万8,642円となっています。一概には判断できませんが、決して少ない金額ではないと思われます。

同調査では、男性会社員の平均昼食代は1回当たり623円で、1カ月の飲み代は、1万1,495円となっています。1カ月営業日数が20日として、

昼食代623円× 20日＝1万2,460円
＋飲み代1万1,495円 を加え、
昼食代と飲み代合計は2万3,955円となります。
お小遣いとの差額となる
3万8,642円－2万3,955円＝**1万4,687円**
が手元に残る計算です。

お金がないと、趣味にも自由に使えません。何か他にお金を使いたい人は、昼食を持参したり、飲みに行く回数を減らしたりすれば、貯金を捻出することができます。お小遣い制のメリットです。

お小遣い制だと全額を毎月使ってしまう

ただしこのお小遣い制には、ひとつ大きな問題があります。人によってはもらったお小遣いを、その月で全て使ってもいい感覚になり、簡単に使ってしまいがちな点です。

お金は本来、何か目的があって使うものです。毎月これだけ使えるとなると、特にお金を計画的に使えない人は、全部使ってしまう傾向が高くなってしまいます。これがお小遣い制に潜む落とし穴です。

本来は、夫婦それぞれが責任を持ってお金の管理ができれば、お小遣い制という制度にしなくても問題ありません。毎月のお小遣いという仕組みが重要なのではなく、夫婦で話し合い適切なお金の使い方をしていけば、自ずとお金は集まり、貯まっていきます。

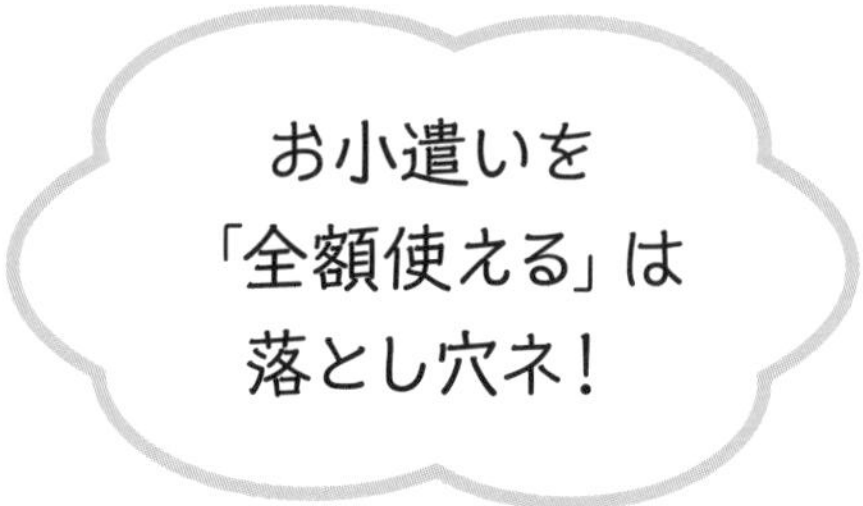

第7章

ミニ保険(少額短期保険)ってどんなもの？

いま保険の新しい潮流としてミニ保険が注目されています。①気軽に入れる、②ニッチな保険が多数ある、③短期の保障があるなどのメリットがあります。一方で保険金上限が決まっているなどのデメリットも。主要６分野のミニ保険をわかりやすく解説します。

①手軽で入りやすい

③短期の保障

②多彩なニッチ分野に対応

ミニ保険ってどんなもの？

ミニ保険とは、正式には「少額短期保険」という保険種類のことです。少額短期保険は、保険金額（保障の上限額のこと）が最大1000万円以下と少額で、かつ保険期間が短期（1年または2年以内）のものです。保障性商品のみを行うと財務省に登録を行った業者が販売しています。

若年層を含めて多様化するニーズを取り込む

2022年10月1日現在で115業者が登録されており、業種を問わず、さまざまな会社が少額短期保険会社の登録を行い、ミニ保険を販売しています。中には大手生損保会社も参入しており、市場規模は拡大中です。

昨今は、保険ニーズが多様化していますが、ミニ保険はそうしたさまざまなニーズに合わせたニッチな商品が販売されています。低価格でネット完結できるものも多く、特に若年層に人気になっています。保険業界では、契約者の高齢化が進んでおり、若年層の取り込みが課題になっています。そうした中で、ミニ保険が一定の役割を果たしています。

ニッチな商品設計　ただし保険金に上限があり保険料は割高

まず、ミニ保険のメリットやデメリットを知っておきましょう。

メリットしては、**「手軽で入りやすい」「保険会社にないニッチな商品がある」「短期間の保障がある」**ことが挙げられます。

一方、デメリットとして、**「商品ごとに保険金額の上限が決まっている」「保険会社が破綻した場合の契約者補償がない」「保険会社にある商品と比較し、保険料が割高なことが多い」「生命保険料控除の対象外」**などがあります。

このデメリットについては、図表1も参照にしていただきたいのですが、特に**「保険金額の上限額が決まっている点」**は最も大きなポイントです。保険とは本来、貯蓄では補えない、大きな損害に対して備えるものです。ミニ保険では病気死亡の場合は300万円が上限で、その根本的な部分が必ずしも十分とは言えません。

またミニ保険では、保険会社が破綻した場合のセーフティネットがありません。加入する前に、保険会社の経営状況をチェックする必要があります。さらに、ニッチな保険は、加入者が多く集まらないため、どうしても保険料が割高になってしまう傾向があります。この保険料に対して、この保障は割に合っているのかという点も考えておきたいものです。

ただしミニ保険には、通常の保険会社で賄えないリスクを補えることは大きな利点です。例えば、旅行や結婚式のキャンセル費用が不安な人など、キャンセル保険などは保険加入のニーズは高いものがあります。

ミニ保険加入前にまずリスクを軽減する行動を

ミニ保険に入る前に大事なことは、**「リスクを軽減するような行動を心がけること」**です。まず、保険事故を起こさないために、どのような事故が多いのかを調べ想定し、リスクを軽減するよう行動することです。保険に入るよりも、まずはその方が重要です。

人間の行動には、意外とそうしたリスク対策が抜けていることが多いのです。それでも防ぎきれない損害額の大きな事故に備えて、保険は加入するものだと知っておきましょう。

図表1 ミニ保険が引き受ける保険金額の上限

ミニ保険では少額短期保険業では次の通り、保険の区分に応じて1被保険者について引き受ける保険金額の上限が設けられています。なお、1～6の保険金額の合計は1,000万円が上限となります。

1. 死亡保険
300万円以下
2. 医療保険（傷害疾病保険）
80万円以下
3. 疾病等を原因とする重度障害保険
300万円以下
4. 障害を原因とする特定重度障害保険
600万円以下
5. 障害死亡保険
傷害死亡保険は300万円以下（調整規定付き障害死亡保険の場合は600万円）
6. 損害保険
1,000万円以下
7. 低発生率保険
1,000万円以下

図表2 主なミニ保険

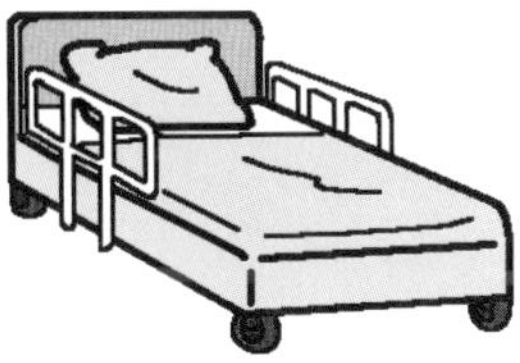
①死亡保険・医療保険

②不妊治療保険

③ペット保険

④火災保険（家財保険）

⑤自転車保険

⑥葬儀保険

⑦レスキュー費用保険

⑧旅行、結婚式のキャンセル費用補償保険

⑨弁護士保険

⑩いじめ保険

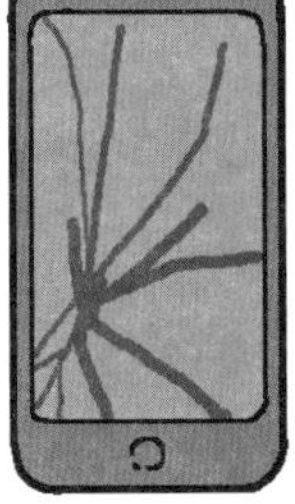
⑪モバイル保険

払い込み保険料が毎年上昇 高齢になると割高に

ミニ保険①死亡保険

ミニ保険のひとつに「葬儀費用保険（葬儀保険）」があります。中身は死亡保険と同じです。ミニ保険がどういう保険か判断するには、「保険金の支払い事由が何か」をまずチェックしてください。中身は普通に保険会社で販売されている保険と全く変わらないケースも多くあります。

葬儀費用保険は80歳過ぎの高齢者まで加入できる

ミニ保険としての葬儀保険では、死亡時に契約時に指定した死亡保険金受取人がその保険金を受け取れます。保険金は、30万円から３００万円までと細かく指定ができるのが特徴です。89歳まで申し込みが可能で、最長99歳まで更新できます。通常、生命保険会社から発売されている定期保険は、加入年齢が80歳まで、更新も90歳までになっていることが多く、80歳を超えた高齢者が入れることがミニ保険最大の特徴です。

ただし、加入にあたり告知があり、持病がある方などは入れない可能性もあります。その他の特徴として「医師の審査は不要、使い道は自由」とあります。普通に生命保険会社の死亡保険に入っても、保険金額１０００万円以下は告知のみで加入できますので、変わりありません。

ミニ保険の注意点は、1年の定期保険であるため、毎年保険料が上がり続けることです。35歳の男性がこの保険に３００万円の保障で入ると、保険料は毎月７５０円ですが、２年目７８０円、３年目８４０円となります。一例として大手生命Ｓ社で35歳の男性３００万円保障の５年の定期保険で計算すると、保険料は月約５２０円と、割安です。普通に保険会社から死亡保険に入った方が安くなることは多くあります。なお保険料は仮の数字で、各保険会社によって異なります。

高齢者ほど保険料は割高 貯蓄とどちらがいいか比較を

さらにこの葬儀保険は、高齢の人でも入れるのが特徴ですが、85歳の男性の保険料は、死亡保険３００万円の保障で、保険料は月約4万円。年間48万円となり、このぐらいの保険料だと、保険に入らずに貯蓄した方が賢明です。

また、80歳男性の保険料では、死亡保障３００万円の場合には月２万５０００円で年間約30万円です。こちらもかなり高額です。大手Ｓ社だと、5年定期で約2万円なので、こちらの方が割安になります。

ミニ保険は、まだ加入者の数が少ないため、大手保険会社と比べて保険料が割高なケースが多くあります。ミニ保険に入る前には、同じような保障が生保や損保でないか確認し比較することが大事です。

死亡保険でも高齢者ほど保険料が割高になっている

次に、ミニ保険の死亡保険を見ていきましょう。こちらも葬儀保険と同じく89歳まで新規加入ができ、99歳まで延長可能です。80歳男性の死亡２００万円（この年齢での最大の加入額）の保険料は、約2万円と、大手生保と比較すると高くなります。ただし84歳まで同額の保険料で入れるのが大きな特徴です。

1年定期ですが、80歳〜84歳までの保険料は同じで、85歳から89歳までの保険料も同じです。ただし、85歳になると、死亡保険金が１００万円限度で、保険料も約1万８０００円なので、年間21万６０００円かかり、保険に入る意味も少なくなります。しかし

84歳までなら、毎月約2万円で200万円（1万円で100万円）の保障がもらえると考えれば、検討の余地はあります。

早い時期に見極めておきたい死亡保険

整理すると、保険に加入する年齢としては、できれば早い段階で死亡保険は決めておいた方が得策です。何歳または終身までの保障でいくらの死亡保険金が欲しいのか、このあたりを早期に見極めることが将来的に保険料を抑えるコツになります。

ただし今はまだ低金利が続いていますので、終身保険はお勧めしません。予定利率という生命保険会社が契約者に約束する運用利回りの利率が低いために、保険料が高いのです。死亡保険はなるべく定期保険で、一定の年齢まで備えていくことが保険料を抑えるコツになります。

図表1 お葬式費用はどのくらい かかる？

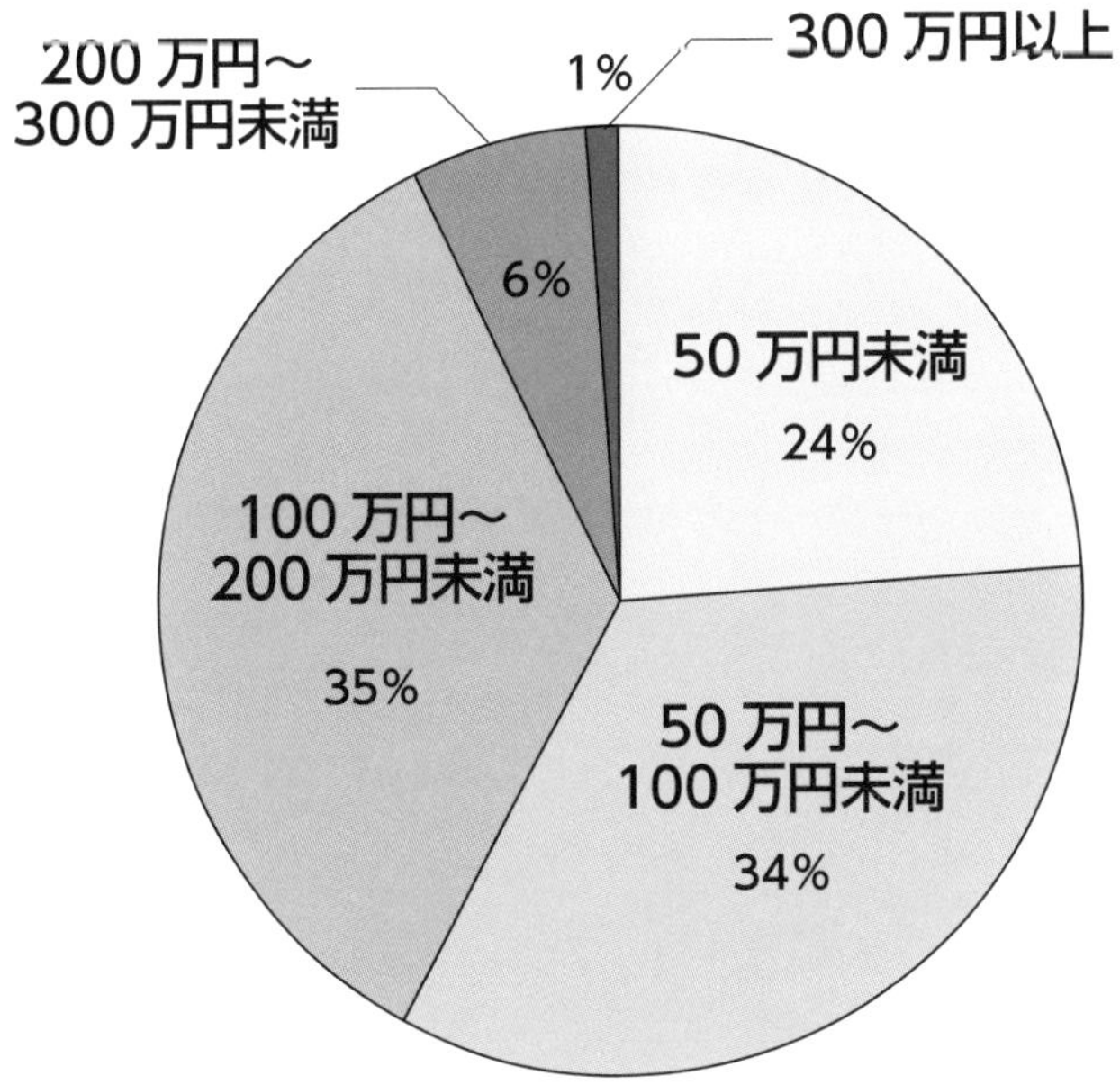

出典 経済産業省「平成30年 特定サービス産業実態調査報告書冠婚葬祭編」より本誌加工

図表2 60歳ぐらいから男女とも保険料は高くなる

（ミニ保険数社を参考にした死亡保険100万円の年齢層ごと月払い保険料のイメージ）

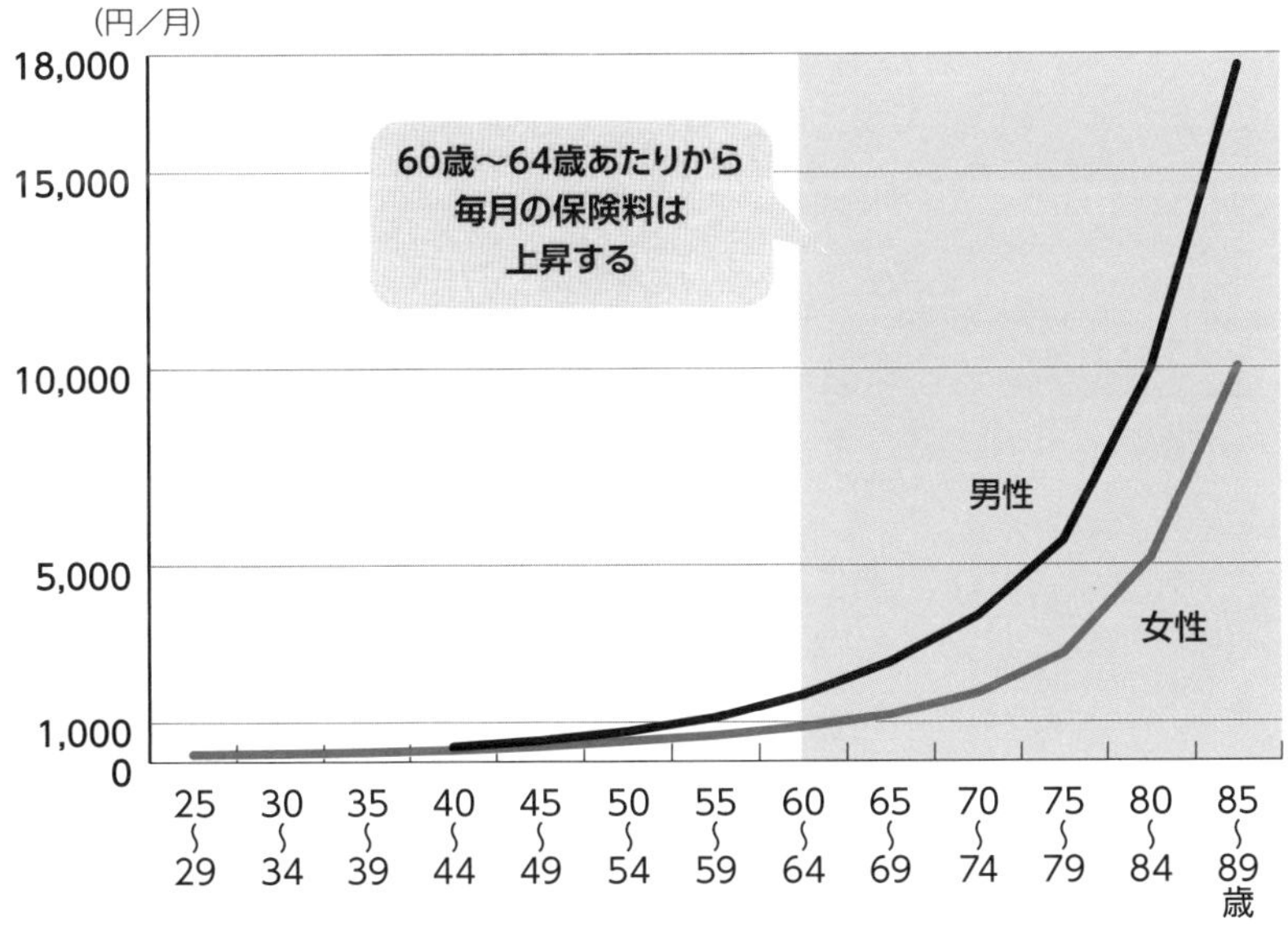

告知義務違反は保障なし 保険料も返ってこない？

生命保険は保険会社に対して、まず申込書を書き、審査を受けるために、告知書（保険会社に健康状態を伝える用紙）に記入、審査が承諾されたら、保険に入れるという流れになります。生命保険に入る上で、健康状態を告知することは、必ず必要になります。その告知に故意ではなかったにしろ、既往症の記載が漏れてしまったら、保険請求をした際に告知義務違反として、「保障もなし、保険料も返ってこない、契約は解除」という最悪の事態になりかねません。告知は、とても大事なことです。正直にそして、漏れがないように告知書の質問に回答するようにしましょう。

引受基準が緩和され入りやすいがデメリットもしっかり確認を

ミニ保険②医療保険

持病があっても入れるミニ保険のひとつである医療保険は、告知項目が限定されていること、また限定告知医療保険*が導入され引受基準が緩和されていることから、引受基準緩和型医療保険と言われています。どちらも同じ医療保険です。この限定告知医療保険も、各社の競争によって、以前に比べてかなり保険料が安くなっているため、過去に限定告知医療保険に入った人は、見直しをした方が安くなるかもしれませんので、確認しましょう。

現在は、持病があっても入れる医療保険を取り扱う保険会社が増えています。医療保険はもともと、利益率の高い保険と言われているため、多くの保険会社が参入し、過当競争が起きています。

ミニ保険は持病がある人の医療保険最大の特徴として、告知項目が限定告知のなかでも、さらに限定されていることです。通常、こうした限定告知医療保険では、「過去2年以内の病気やケガで手術または入院したこと」を告知事項としていますが、あるミニ保険の場合には「過去1年以内」となっています。そのため、告知しなければならない基準が通常の2年から1年に緩和されているので、より入りやすくなります。

さらに医療保険の加入制限年齢は80歳までが多いですが、ミニ保険の場合には84歳まで入れるので、年齢制限も緩和されています。ただし最近は、生命保険会社などでも85歳まで入れる保険が増えています。

入院時の自己負担で一番大きい項目は差額ベッド代

医療保険で注目したいのは、入院費用との兼ね合いです。入院1日あたりの自己負担額の平均は、1万3299円という試算（**図表1**）もあります。このうち一番多くの金額を占めているのは、差額ベッド代です。差額ベッド代は、地域によって差があり、東京ではさらに高額になることが多くあります。平均自己負担金に平均入院日数29日を掛けると38万5000円程度になります。こうした費用を参考にして、医療保険で備えるべきかどうかを判断しましょう。

1年更新のミニ保険は長く入り続けるメリットがない

特に注意が必要な点は、ミニ保険は1年更新の医療保険である点です。更新型のデメリットは、保険料が上がること。若いうちに保険に入っても、更新のたびに保険料が上がるリスクがあることを理解しておく必要があります。

通常、医療保険は加入時の年齢の保険料から変わらず、契約を続ける限り同じ保険料で入れます。このため若いうちに入った方が安い保険料で入り続けることができるメリットがあります。

ところがミニ保険の場合、1年更新型が多く、若い時に入っても毎年保険料が上がるため、入り続けるメリットがありません。そのあたりは注意して検討しましょう。

告知事項についても、1年待てば告知項目が外れ、通常の限定告知医療保険に入った方がいい場合があります。また、限定告知医療保険で入った後でも、病気が完治して、5年経過している状況であれば、通常の医療保険に入れる可能性もあります。限定告知医療保険で入って終わりではなく、普通の医療保険に変更ができるタイミングは覚えておきましょう。

不妊治療向けミニ保険などは保障内容をよく確認したい

＊限定告知医療保険＝通常の医療保険では加入できなかった人が、所定の告知項目に該当しない場合に契約できる医療保険のこと

次に、女性特有の病気に手厚い医療保険として、発売されているミニ保険を分析します。こちらの保険の特徴は、「不妊治療中の人に限定している保険」です。通常、不妊治療中は、病院に通院しているため、告知事項に該当して、保険に入れない可能性もあります。

そのため、入るのであれば、不妊治療を受ける前に通常の医療保険に入るのがベストですが、入るのを忘れてしまった人に向けてミニ保険が発売されています。

保障を見ていくと、妊娠時の帝王切開の保障がなかったり、5日以上の入院が必要だったりなど、保障が十分ではありません。仮に、不妊治療前に医療保険に入らなかった人は、覚悟を決めて保険なしで治療をした方がいい場合もあります。ミニ保険は、よく保障内容を見て、できれば保険の専門家に相談をして、どんな保険かを教えてもらい、その上で判断するのも一案です。

図表1

入院1日当たりの自己負担額はどのくらい?

平均1万3,299円 平均入院日数は29日！	
平均的な医療費の自己負担額	5,661円
食事代（1日3食）	1,380円
差額ベッド代の全国平均 （個室等に入院した場合。2人、4人部屋の場合は割安に）	6,258円

（注） 厚生労働省平成29年「患者調査」、令和元年「社会医療診療行為統計」などから作成。ただし家族の交通費・食事代にかかる費用は除く。

図表2 ミニ保険の告知事項ってどんなこと?

各社の告知項目の事例をまとめてあります。通常の医療保険よりも、ミニ保険は告知事項が限定されています。その分リスクが高いので、保険料も高く設定されているので、注意しましょう。

	A社	B社	C社
過去・今後3ケ月以内	最近3か月以内に医師による診察を受けた結果、入院、手術または検査※を勧められたことがある。 ※検査結果が判明し、入院、手術または再検査を勧められなかった検査を除きます。	今後3か月以内に、入院または手術の予定がある。	最近3か月以内に、医師から入院・手術・検査のいずれかを勧められたことがありますか。
過去1〜2年	過去1年以内に、病気やケガで入院したこと、または手術を受けたことがある。	過去2年以内に、病気やケガで、入院したことまたは手術を受けたことがある。	過去2年以内に、病気やケガで入院をしたこと、または手術をうけたことがありますか。
過去5年	過去5年以内に、がん（白血病、悪性リンパ腫、肉腫などを含む悪性新生物および上皮内新生物を言います）と診断されたことがある。または、過去5年以内に、がんもしくは肝硬変で入院したこと、または手術を受けたことがある。	過去5年以内に、以下の病気で医師の診察・検査・治療・投薬（薬の処方を含む）または入院・手術を受けたことがある。 ・がん（悪性新生物・悪性腫瘍）・上皮内がん・肝硬変 ※いずれかの疑いがあると良しに指摘されている場合も含む。	過去5年以内に、がんまたは上皮内新生物・肝硬変・統合失調症・認知症・アルコール依存症で、医師の診察・検査治療・投薬のいずれかを受けたことがありますか。

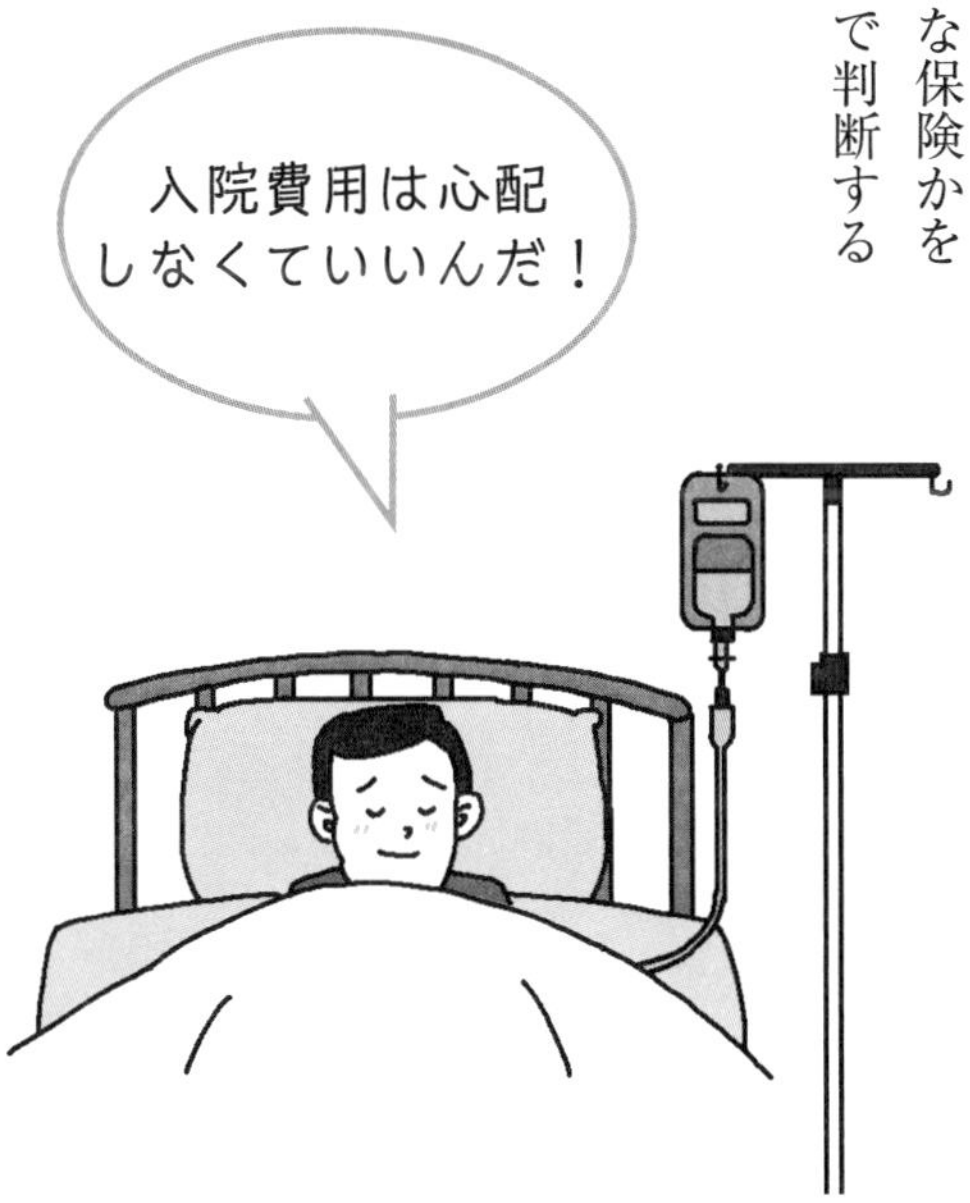

割安な保険料が魅力 保障内容を見極めて活用する

ミニ保険③ペット保険

ペット保険がなぜ必要になるのでしょうか？その理由は、人であれば、健康保険証が手元にあるため、治療費に対して3割負担で治療を受けることができますが、ペットには公的な健康保険制度がありません。そのため、ペットが病気やケガで治療を受ける際には、かかる治療費の全額を支払う必要があります。

ペットには健康保険が適用されない

ペットの治療費は決して安い費用でもないことから、多額の出費が発生するリスクがあります。そのリスクを抑えるために、ペット保険が存在します。ペット保険があることで、費用をある程度気にせず、そのペットにとって最適な治療方法を選択できることになります。ペット愛好家には安心な保険です。

現在、ペット保険は多くの保険会社で発売されています。大手保険会社の場合、複数の病院と提携しているため、ペットは提携病院で治療を受けることができます。保険金の請求時には、人と同じように自己負担分のみ払えば良く、請求手続きの手間や治療費をいったん立て替える必要もありません。ただし、支払い保険料で比べると、大手保険会社のペット保険はやや高くなっています。今はミニ保険でも安く、保障がそれなりに充実したペット保険が発売されています。

治療費を一時立て替える必要があるが保険料は割安な設計

ミニ保険の最大のデメリットは、保険金請求の際に、提携する病院や医療施設がないため、いったん立て替えて、その後に請求する必要があることです。ミニ保険の場合、請求手続きという手間と、先に立て替えるためのお金が必要になるので、注意しましょう。ただし、保険料は非常に割安な設計になっています。

次にメリットとしては、「免責金額」と「待期期間がないこと」です。

免責金額は簡単に言うと、自己負担額のことです。例えば、大手保険会社が販売するペット保険では免責1万円の契約として、10万円の治療費がかかった場合、70％補償プランに加入していたら、図表1のようにかかった治療費に対してまず免責分を引かれます。ミニ保険なら免責条項はなく、契約者にとってはおトク（**図表1**）です。

次に、待期期間とは、保険が保障されない期間のことです。契約した初年度に限り、保険の開始日から30日間の待期期間がある保険もあります。大手のペット保険も同じです。医療保険のがんの待ち期間を想像してもらえると分かりやすいかもしれません。

ミニ保険のペット保険にはこの待期期間がありません。待期期間中でも、保険料の支払いは発生します。待期期間はないに越したことはないのです。

手術給付金回数など見劣りするが毎月の保険料とのバランスを考える

もうひとつミニ保険であるペット保険の問題は、「手術給付金が1年に1回限りで、限度額が10万円」と限定されている点です。大手が取り扱うペット保険は、「年に2回まで限度額が14万（70％プランの場合）」と厚い保障です。大手の保険と比べ、ミニ保険としてのペット保険は給付金回数と限度額が少なくなっています。このように保険料が安い分、保障面についてはやや手薄です。

ただし、7歳のトイプードル

で保険料を比較（**図表2**）すると、ミニ保険は70％プランで月約2930円ですが、大手ペット保険は5650円と、大きな違いがあります。

ペットの治療費をいったん立て替えて払う資金力ぐらいのことは、手元に貯金を用意しておけば、何も窓口精算の保険にこだわらなくとも大丈夫です。大事なことは、補償内容とそれに対する保険料です。シンプルにここを突き詰めて考えていきましょう。保険会社は、その他サービスなどで興味を誘いますが、それはあくまで補足と考えたほうがいいでしょう。ポイントを見誤らないようにしたいものです。

図表1 免責がある場合とない場合の違い

免責1万円の契約	**10万円−1万円(免責)＝9万円×70％＝保険金 63,000円　自己負担37,000円** となります。
免責なしの契約	免責なしであれば、**10万円−0(免責)＝10万円×70％＝保険金 70,000円　自己負担30,000円です。** 自己負担は30,000円となり、7,000円もの違いがあります。どうせ保険に入るのであれば、免責金額0円の保険の方が良いのです。

図表2 大手保険会社のペット保険とミニ保険としてのペット保険を比較

商品名	大手ペット保険		ミニ保険	
犬種・年齢	トイプードル・7歳		トイプードル・7歳	
補償限度	70%	50%	70%	50%
保険料	5,650円	4,150円	2,930円	2,390円
通院	1日あたり14,000円まで利用できる。日数は各20日まで（年）	1日あたり最高10,000円まで利用できる。日数は各20日まで（年）	1日あたり12,500円。利用できる日数は年間30日まで	
入院	同上	同上	1入院あたり125,000円まで、年間3入院まで	
手術	1回あたり最高140,000円まで。利用できる回数は2回まで（年）	1回あたり最高140,000円まで。利用できる回数は2回まで（年）	1回当たり100,000円まで。年間1回まで	

保険料に注目してください。ミニ保険の方がかなり割安です。ペット保険の費用を少しでも減らしたい人は、ミニ保険を検討しておきましょう。

図表3 減少傾向の飼い犬・増加傾向の飼い猫

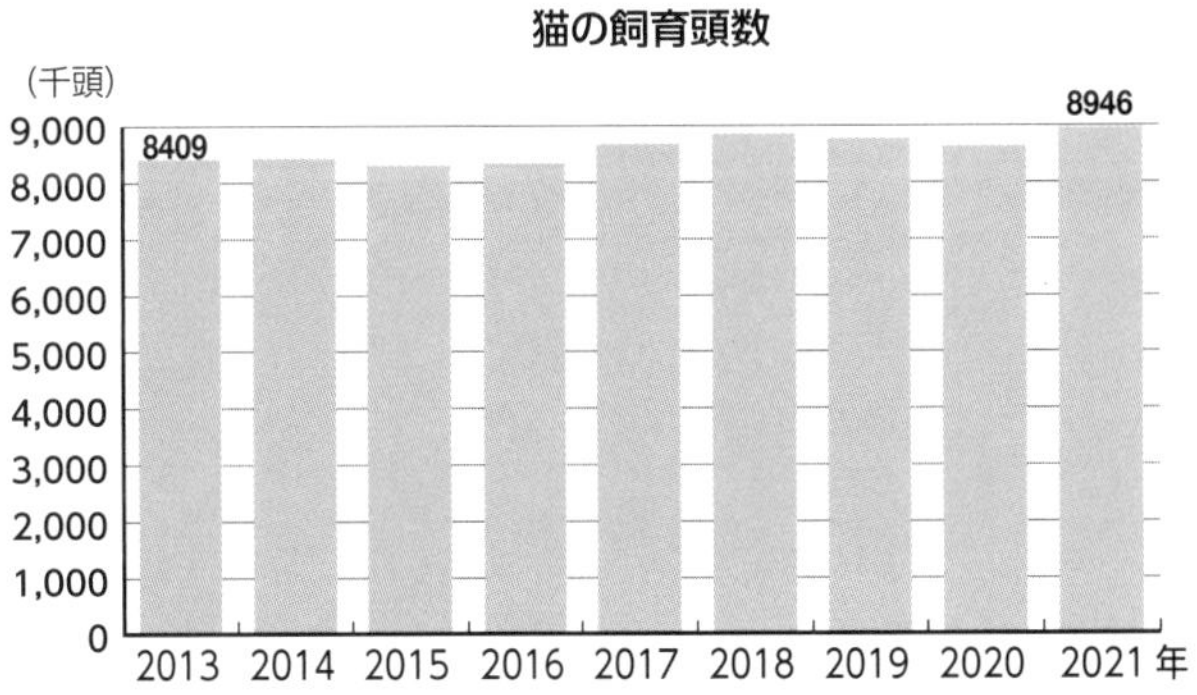

出典　一般社団法人　ペットフード協会　2021年全国犬猫飼育実態調査　結果

犬の飼育数は近年減少傾向ですが、猫の飼育は逆に増えています。猫の方が飼育費用も安く、何より散歩をする必要がありません。飼いやすさから、猫が最近好まれていると見られます。

ミニ保険の地震保険は割高なので すぐ契約せず自分で探そう

ミニ保険④火災保険（家財を対象）

賃貸で家を借りる際に、不動産業者から案内されるのが火災保険です。指定された火災保険の保険会社を確認した人はいるでしょうか？また、そのまま入るのではなく、「自分で火災保険を探します」と言った人はいるでしょうか？

不動産会社側が案内した火災保険に加入しなくてもいい

多くのケースでは、賃貸契約の手続の流れとして、不動産会社が指定した火災保険の契約も行ってしまうことが多いと思います。

ただし、不動産会社から案内される火災保険は割高な商品も多く、自分で通常の大手損害保険会社の火災保険に依頼した方が、補償も手厚く保険料も安く入れます。そのため、賃貸契約時に「火災保険は自分で探します」というのが正しい選択です。

ところが、賃貸契約として指定した火災保険があるから、こちらに入ってもらえないと賃貸契約ができない、と不動産会社から断られることがあります。そう言われた際には、「保険業法の300条の圧力募集」に当たるのではないか？とけん制してください。

恐らくそこまで言われた不動産会社は諦めて、自分で入ることを認めてくれるでしょう。それでも認めてくれない場合や、そうした話し合いが面倒な場合には、簡単な方法として、指定された火災保険で契約した後、申込日から起算して8日以内にクーリングオフをしてしまうことです。クーリングオフを行い、新たに自分で探した火災保険に入れば良いのです。それで特に問題はありません。

そもそも、火災保険を指定すること自体が違法ですから。賃貸契約を解除されることもありませんので、ご安心ください。

ミニ保険の火災保険より大手損保の火災保険の方が割安

それでは、不動産会社から案内される火災保険と大手損害保険会社の火災保険を比べてみましょう。どちらも2年契約で、家財250万円では、不動産会社の案内する少額短期保険の火災保険料は年間約1万7000円に対して、同じ条件で大手損保の火災保険料は約1万円です。当然、比較する保険会社によってもかなり保険料が異なりますので、一概には言えませんが、総じて不動産会社側が案内している火災保険の方が高くなりがちです。

不動産会社で案内している火災保険は、簡単に登録ができる少額短期保険が多く、どうしても保険料が割高になっています。というのも少額短期保険会社で販売されている火災保険の方が、大手損害保険会社の火災保険よりも売り手の販売手数料が高いためその分、保険料が上乗せされているケースがあるからです。もちろん全てがそうではありませんが、そういうケースがあることも知っておいていただきたいと思います。

ミニ保険の地震保険では一部損が補償されていない

金融や不動産の分野は消費者の知識不足を狙って、お金を払わされるようなことが山のようにあります。特に火災保険は地味であまり注目されない保険なので、こうしたことがまかり通るのです。通常であれば、高い保険料は競合のなかで、淘汰されます。しかし、不動産会社の販売によって、商品が継続しているケースもあるわけです。

賃貸であっても、自宅購入であっても火災保険は大事な保険です。第2章で説明した通り、保険金額の設定から提案をしてもらえる、しっかりした保険代理店から加入をしましょう。その方が適正な保険料で契約ができます。

地震保険は、通常火災保険とセットでの契約が必要ですが、ミニ保険では、地震保険のみでも販売されています。ただし、こちらも保険料を比較してみると、大手損害保険会社の方が安くなっています。また、地震保険で一番請求が多い「一部損」の補償もミニ保険では補償されていませんが、通常の損保会社の地震保険は補償されていますので、補償面からも安心です。

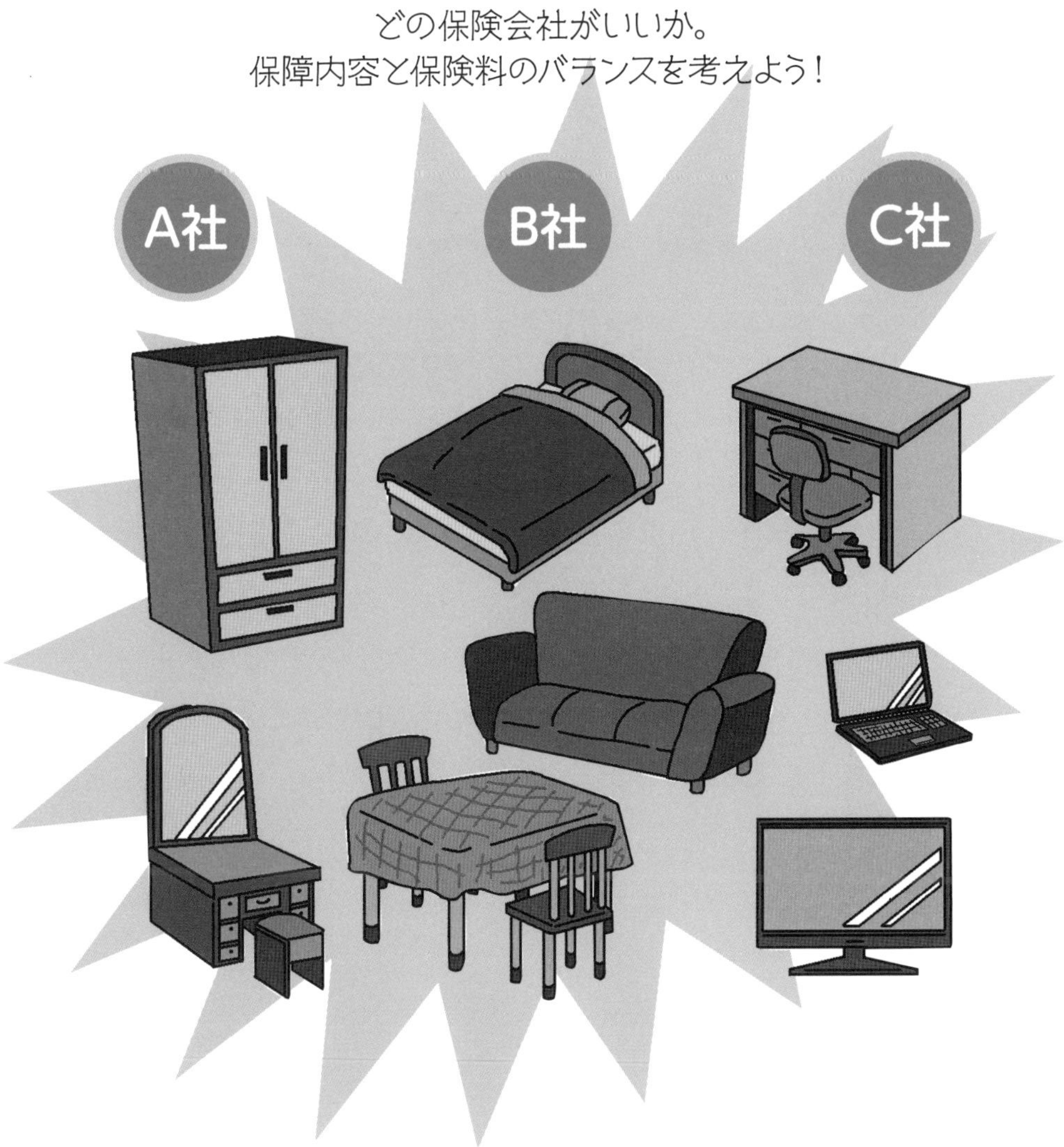

どの保険会社がいいか。
保障内容と保険料のバランスを考えよう！

クーリングオフは申込日から起算して８日以内に！

保険期間が１年を超える契約は、クーリングオフが可能です。申し出期間は、契約を申し込んだ日または、重要事項説明書を受領された日のいずれか遅い日から、その日を含めて８日以内に申し出る必要があります。

８日以内の消印で有効となります。2022 年５月の改正保険業法で電子メールやウェブサイトなどからの申出も可能となりました。電話ではダメです。

「通知事項」は以下の通りで、必ず記入してください。

・契約のクーリングオフを申し出る旨の文言
・契約を申し込まれた方の住所、氏名・捺印（文書の場合）および電話番号
・契約を申し込まれた年月日
・契約を申し込まれた保険の保険種類、証券番号
・取扱代理店名

基本的に不必要と思われるが本当に自分に必要かをよく考える

ミニ保険⑤キャンセル保険

今まで説明したミニ保険は、通常の保険会社でも発売されている商品を、少額短期でも販売したものです。けれどもこのキャンセル保険は、ミニ保険にしかない保険で、まずは補償内容を説明します。

よく考えたい 本当にキャンセル保険は必要か

国内旅行、ライブなどのチケット、結婚式のキャンセル費用など日常に起因したさまざまなキャンセル保険があります。たとえば旅行代金3万円に対してキャンセル保険は770円（1回払い）などとなっています。手軽に入れる保険です。

こうした保険に入った方が良いかの判断は、図表2のリスクマップに基づき、考えれば問題ありません。保険に入るかどうかのポイントとしては、保険金を受け取れる事故が「発生の頻度が少ないが、損害額が大きなこと」に当てはまるかどうかを見極めることです。

そして一番大事なポイントとなるのは、損害額がその人にとって、リスクを移転（保険加入）すべき金額なのかどうかという点です。

どれもレジャーにまつわる費用です。そもそもキャンセル料を負担できない人が、旅行を予約すべきではありません。

結婚式については金額も大きいので、キャンセル費用を備える必要がある人はいるかもしれませんが、キャンセル事由になる確率は低いと思われます。まさしく頻度が少なく損害額が大きいということで、リスクの移転（保険）項目に当たるかもしれません。

結婚式は不測の事態が起きたら、リスケに対応してくれる式場もあるでしょう。まずは、結婚式当日に体調を崩さないように日々の健康管理をしておけば、リスクはかなり防げます。こうしたことを考えると、基本的には不要な保険と言えます。

キャンセル保険が必要な人は限られます。保険料は1回あたり小さくても、積み重ねると大きな金額になります。安心料として必要なケースもありますが、原則こうしたリスクに保険をかける必要はないでしょう。

日頃のリスク軽減行動が最大の〝保険〟になる

社会的に必要性の高い保険は、ずいぶん昔から発売されています。保険には、ある程度加入者が集まらないと、どうしても保険料は割高になります。加入者が多くいて、初めて一人ひとりが割安に入ることができます。リスクに対して、必要な保険なのかどうかを再考することも大事なことです。

今後も、こうしたさまざまなリスクに対して、保険が発売されてくるに違いありません。それをいちいち補償内容から理解するのも、時間がかかります。日頃から、日常生活は、「リスクの軽減やリスクを避ける行動をすること」が自分の一番の保険になることを忘れてはいけません。それに対する費用は惜しまずに使うべきです。

歯周病を予防するなど自分でできるリスク低減対策がある

一例ですが、定期的に歯科のクリーニングを受けて、歯周病を予防するとか、毎年健康診断を受けて、糖尿病にならないようするとか、サイレントキラーと言われる自覚症状がないような病気にも対策をする必要があります。

また、レンタカーの上乗せの保険料などもそうですが、保険を商売として利用している人もたくさんいるので、自分に必要な保険かどうかをしっかりと見極めて、まずはリスクの軽減を図りましょう。

図表1 主なキャンセル保険の種類と補償内容

キャンセル保険の種類	保険会社	補償内容
国内旅行キャンセル保険	A社	支払われる保険金（＝旅行代金）はキャンセル料×キャンセル理由に応じた補償割合（100%、50%、30%）。
チケットガード	B社	病気やケガによる入院・通院や、交通機関の遅延、急な宿泊出張、その他家族が病気やケガによる入院・通院でチケットが使用できなかった場合に、チケット代金(20万円限度)が保険金として支払われる。
結婚式総合保険	C社	新郎新婦が病気やケガで結婚式当日に入院している場合や、身内の不幸、地震・台風などの災害、切迫流産などのケースで、結婚式のキャンセル費用を補償。

図表2 リスクマップ

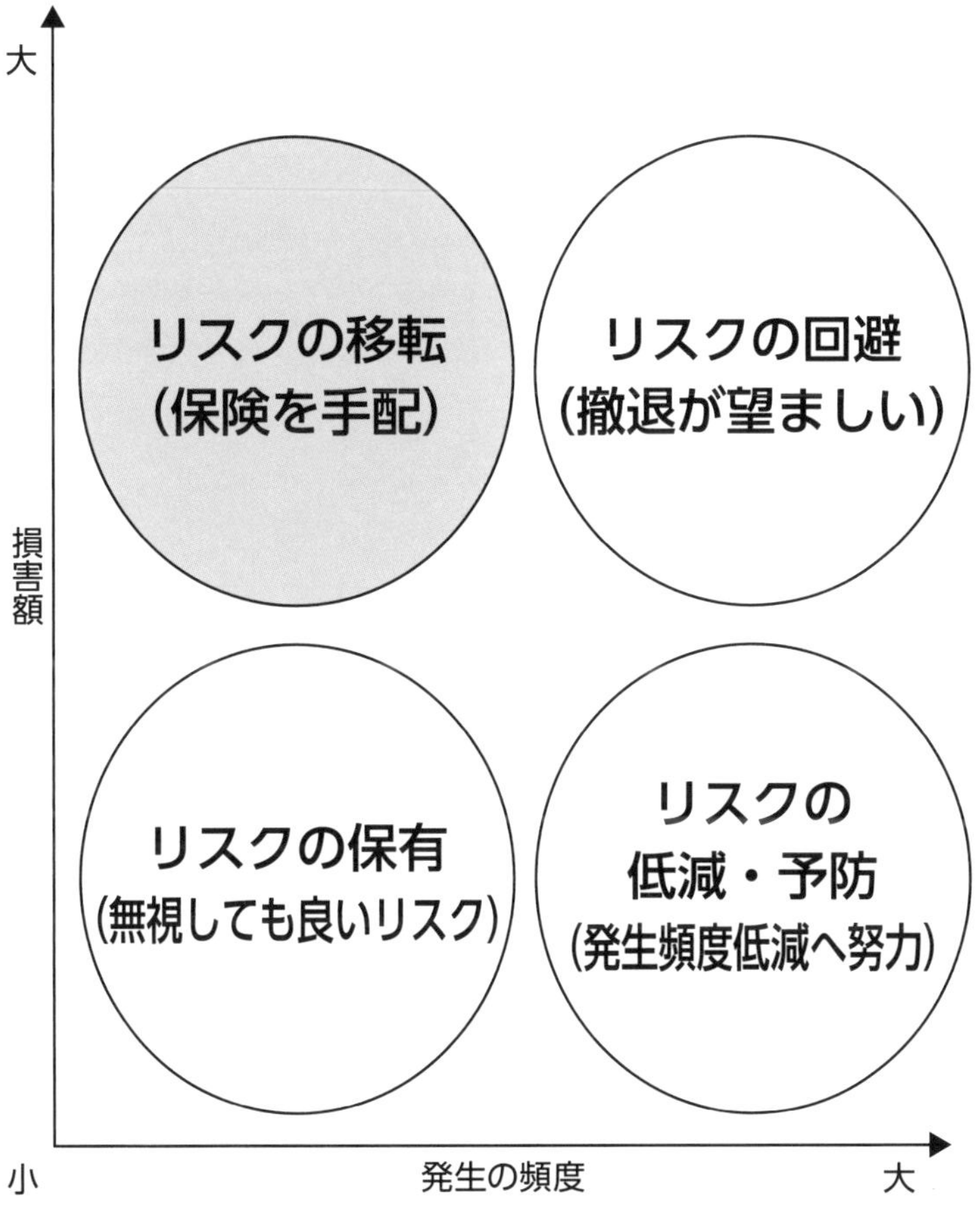

発生頻度と損害額の大小から保険にはいるべきかどうかを判断する

事前対策とその後の対応力を身に付けよう! それでも困った時に役立つ保険

ミニ保険⑥弁護士保険

少額短期保険会社から「弁護士保険」が発売されています。弁護士保険は、トラブルにあった際に弁護士への相談費用や事件処理の委任費用などについて補償を受けられるものです。日々生活をしていれば、さまざまなリスクがあります。ただし、弁護士に頼んだからと言って、全て解決できるとは限りません。大事なことは、トラブルが起きたら、自分で対処する力を身に付けていくことだと思われます。

弁護士保険を提供するF社の場合、プランは月額1080円のライトプラン、2480円のレギュラープラン、4980円のステイタスプランの3種があります。一番低額のライトプランでは、月約1000円強から入れる保険で、気軽に入れます。それでは事例に基づいて、対応方法を確認していきましょう。

社会のさまざまなシーンでトラブルに巻き込まれる!

①ハラスメントや賃金・解雇などの仕事関連トラブル

まずは、賃金やハラスメントなどに問題がある会社に勤務しないこと。そういう会社に就職する前に、企業分析を行うことです。さらにもし就職することになったとしても、賃金トラブルがあった日以降は出勤せず次の転職活動を行いましょう。

ただし不当解雇については自分で請求を行うのは非常に難しいため、弁護士に相談する必要が出てきます。この点、弁護士保険があると安心です。ただし、不当解雇される側にも問題があるケースもあります。まずは保険に頼らずに、解雇されないように仕事を頑張ることが、まずは第一の優先テーマとなります。

②近隣とのトラブル (賃貸マンションの場合)

騒音などの近所トラブルはよくあります。まずは、管理会社に相談することです。賃貸の場合には、賃貸契約を結んだ不動産会社が管理もしているケースが多いので、そこに相談すると良いでしょう。マンションなどを所有している場合には、管理会社に直接相談しましょう。相談に乗ってくれるはずです。

こうしたトラブルになるかどうかは、住んでみないと分かりません。前に退去した人が、なぜ退去したのかを確認しておくことも大事で、事前にできることです。

管理がしっかりしているマンションに住むことも大事です。管理会社がトラブル対応をやってくれますので、特に弁護士に相談する必要はないからです。

③購入した商品やサービスについてのトラブル

まず第三者機関である消費者相談センターに連絡をして相談することが大事です。また、同時に購入した商品を作っている企業にも必ず問い合わせしましょう。商品を作っている企業は、概ねPL保険に入っているため、何か自分の身体や物に被害が出たとしても、その保険から払ってもらえます。

このため泣き寝入りせず製造する会社に連絡をすることが大事です。弁護士に相談するよりも前に、第三者機関の存在を知ることも重要です。

保険を含めた金融分野のトラブルには、金融ADR（裁判外紛争解決手続き）制度という金融紛争仲介の仕組みと機関があります。まずは、そうした第三者機関に相談しましょう。相談料も無料です。

④交通事故やあおり運転などのトラブル

自動車にまつわる事故の場は、自動車保険の特約にある弁護士費用を利用しましょう。特約保険料も年間3000円程度なので、付帯しておいた方が安心です。少額短期保険の弁護士保険は、最低プランでも、年約1万2000円かかります。

また、自動車事故ではなく、自転車や歩行中の被害事故については、自動車保険の特約に弁護士費用を日常的に補償してもらえる特約もあります。特約保険料は年6000円ですので、こちらから入った方が割安です。

⑤離婚や子どものいじめなどのトラブル

離婚問題は示談が成立するよう双方で話し合うことが大事です。可能な限り、弁護士を入れずに話し合いましょう。

次に相続ですが、〝争続〟になってしまった結果、弁護士に依頼した流れを想定すると、まずは、争続にならないように相続人が生存中に遺産についての話し合いをしておくことが大事です。そうすれば、無用なトラブルを避けられます。

子供のいじめの問題ですが、まずは学校に相談しそれでも解決ができない場合は、加害者の子供の親と話し合いましょう。それでもいじめが続くようなら、転校をした方が良いと考えられます。学校という狭い生活環境ですが、子どもにとってはそれが全てです。

いじめの経験は、大人になっても忘れられない痛みです。辛い経験をあえて積ませる必要はありません。

最初から弁護士に頼らず自分で問題解決能力を高める

最初から弁護士保険に頼るのではなく、自分自身でトラブルが起きないように日頃から意識すること。それでもやむ負えず起きてしまったら、問題を解決する能力を高めることが一番大事です。そのためには、法律を知り、コミュニケーション能力を高める必要があります。

このように、事前対策とその後の対応力を身に付けた上で、どうしようもない時に、弁護士保険が初めて役に立つのです。

なんでオレたちリストラなの。
弁護士に相談したい!

●著者プロフィール

小宮崇之（こみや・たかし）

株式会社コミヤ保険サービス代表取締役社長。

CFP（公認ファイナンシャルプランナー）。

1987年　神奈川県生まれ。

大学卒業後、信用金庫に入社。金融機関から独立して、中立的な立場からお客様目線で営業をしたいという思いから、保険代理店として独立を決意。まずは保険代理店の経営を勉強するため、外資系保険会社の代理店営業職を経て、損保ジャパンの研修生を5年間経験し、2020年9月に保険代理店として独立。2021年にお客様への正しい情報提供をするため、CFP資格を取得。

現在は損害保険、生命保険の代理店として、日々お客様のために行動している。CFPの知識を生かして法人様、個人様の損害保険、生命保険をお客様目線で、コンサルティングできるのが強み。また中立的な立場からお金に関するさまざまな相談も受け付けている。

株式会社コミヤ保険サービス URL：https://tk-hoken.com/

今の保険　このままでいいの？
保険の選び方・見直し方

2023年1月18日　初版第1刷発行

発行人	中野進介
編　集	『暮らしとおかね』編集部
編集長	近藤樹子
ゼネラル・プロデューサー	馬場隆
プロデューサー	関口誠一、中河直人
イラスト	今野紺
デザイン・DTP	株式会社 麒麟三隻館・花本浩一、永山浩司、鈴木千洋

発行所　株式会社ビジネス教育出版社

〒102-0074　東京都千代田区九段南4-7-13

TEL：03-3221-5361㈹　FAX：03-3222-7878

E-mail：info@bks.co.jp　URL：https://www.bks.co.jp

落丁・乱丁はお取替えします。

ISBN978-4-8283-0972-9

C0036

印刷・製本　萩原印刷株式会社